Cambridge Plain Texts

HOFFMANN

DER KAMPF DER SÄNGER

T0346142

HOFFMANN

DER KAMPF DER SÄNGER

CAMBRIDGE
AT THE UNIVERSITY PRESS
1926

CAMBRIDGE UNIVERSITY PRESS
Cambridge, New York, Melbourne, Madrid, Cape Town,
Singapore, São Paulo, Delhi, Mexico City

Cambridge University Press
The Edinburgh Building, Cambridge CB2 8RU, UK

Published in the United States of America by Cambridge University Press, New York

www.cambridge.org
Information on this title: www.cambridge.org/9781107631878

First published 1926
Re-issued 2013

A catalogue record for this publication is available from the British Library

ISBN 978-1-107-63187-8 Paperback

NOTE

Ernst Theodor Wilhelm Hoffmann (1776–1822), lawyer by profession, musician by inclination—he gave himself the name of Amadeus instead of Wilhelm in honour of Mozart—and novelist by force of circumstances, is one of Germany's most brilliant story-tellers. Deprived of a legal appointment in Warsaw by the French occupation of that city in 1806, he turned to music and to letters for a livelihood. His shorter stories were published in three series, *Phantasiestücke in Callots Manier* (1814–15), *Nachtstücke* (1817), and *Die Serapions-Brüder* (1819–21). The majority are not merely fantastic, but gruesome and morbid; others reach the opposite extreme of sentimental idealism; a few are pleasantly humorous; but in two at least, *Das Fräulein von Scudéri* and *Meister Martin der Küfner*, his art attains perfection. *Der Kampf der Sänger*, from the second volume of the *Serapions-Brüder*, is in the same category as *Meister Martin*. It idealizes a bygone period of history, although with a somewhat stronger admixture of the supernatural and the sentimental. In short, it is a typical example of Romantic fiction.

Hoffmann quotes as his authority the learned but uncritical Johann Christoph Wagenseil, whose *Buch von der Meister-Singer Holdseligen Kunst Anfang, Fortübung, Nutzbarkeiten und Lehr-Sätzen* appeared in 1697. The ultimate source of the story is the late Middle High German poem, *Der Wartburgkrieg*, but the figure of the magician Klingsohr is at least as old as Wolfram's *Parzival*. Before Hoffmann, another Romantic writer, Friedrich von Hardenberg (Novalis), had turned to the same source for the hero of his chief work *Heinrich von Ofterdingen* (1802). In Hoffmann's story we also find a reference to the legend of the Venusberg from another ancient romance, *Der Tannhäuser*. It only remained for Richard Wagner to complete the combination of the two legends in *Tannhäuser* (1845) by the substitution of Tannhäuser for Heinrich von Ofterdingen.

G. Waterhouse.

October, 1925

DER KAMPF DER SÄNGER

Zur Zeit wenn Frühling und Winter am Scheiden
stehn, in der Nacht des Aequinoktiums, sass einer im
einsamen Gemach und hatte Johann Christoph
Wagenseils Buch von der Meistersinger holdseliger
Kunst vor sich aufgeschlagen. Der Sturm räumte
draussen tosend und brausend die Felder ab, schlug
die dicken Regentropfen gegen die klirrenden Fenster
und pfiff und heulte des Winters tolles Ade durch
die Rauchfänge des Hauses, während die Strahlen des
Vollmondes an den Wänden spielten und gaukelten,
wie bleiche Gespenster. Das achtete aber jener nicht,
sondern schlug das Buch zu und schaute tiefsinnend,
ganz befangen von dem Zauberbilde längst vergan-
gener Zeit, das sich ihm dargestellt, in die Flammen,
die im Kamin knisterten und sprühten. Da war es,
als hinge ein unsichtbares Wesen einen Schleier nach
dem andern über sein Haupt, so dass alles um ihn her
in immer dichterem und dichterem Nebel verschwamm.
Das wilde Brausen des Sturms, das Knistern des
Feuers wurde zu lindem harmonischen Säuseln und
Flüstern, und eine innere Stimme sprach, das ist der
Traum, dessen Flügel so lieblich auf und nieder-
rauschen, wenn er wie ein frommes Kind sich an die
Brust des Menschen legt und mit einem süssen Kuss
das innere Auge weckt, dass es vermag, die anmuthig-
sten Bilder eines höheren Lebens voll Glanz und
Herrlichkeit zu erschauen.—Ein blendendes Licht
zuckte empor wie Blitzstrahl, der Verschleierte schlug
die Augen auf, aber kein Schleier, keine Nebelwolke

verhüllten mehr seinen Blick. Er lag auf blumigen
Matten in der dämmernden Nacht eines schönen
dichten Waldes. Die Quellen murmelten, die Büsche
rauschten wie in heimlichem Liebesgeplauder und
dazwischen klagte eine Nachtigall ihr süsses Weh.
Der Morgenwind erhob sich und bahnte, das Gewölk
vor sich her aufrollend, dem hellen lieblichen Sonnen-
schein den Weg, der bald auf allen grünen Blättern
flimmerte und die schlafenden Vögelein weckte, die
in fröhlichem Trilleriren von Zweig zu Zweig flatter-
ten und hüpften. Da erschallte von ferne her lustiges
Hörnergetön, das Wild rüttelte sich raschelnd auf aus
dem Schlafe, Rehe, Hirsche guckten aus dem Gebüsch
den, der auf den Matten lag, neugierig an mit klugen
Augen und sprangen scheu zurück in das Dickicht.
Die Hörner schwiegen, aber nun erhoben sich Har-
fenklänge und Stimmen so herrlich zusammentönend
wie Musik des Himmels. Immer näher und näher
kam der liebliche Gesang, Jäger die Jagdspiesse in den
Händen, die blanken Jagdhörner um die Schultern
gehängt, ritten hervor aus der Tiefe des Waldes.
Ihnen folgte auf einem schönen goldgelben Ross ein
stattlicher Herr im Fürstenmantel nach alter deutscher
Art gekleidet, ihm zur Seite ritt auf einem Zelter eine
Dame von blendender Schönheit und köstlich ge-
schmückt. Aber nun kamen auf sechs schönen Rossen
von verschiedner Farbe sechs Männer, deren Trachten,
deren bedeutungsvolle Gesichter auf eine längst ver-
flossene Zeit hinwiesen. Die hatten den Pferden die
Zügel über den Hals gelegt und spielten auf Lauten
und Harfen und sangen mit wunderbar helltönenden
Stimmen, während ihre Rosse gebändigt, gelenkt
durch den Zauber der süssen Musik, den Waldweg

entlang auf anmuthige Weise in kurzen Sprüngen nachtanzten dem fürstlichen Paar. Und wenn mitunter der Gesang einige Secunden innehielt, stiessen die Jäger in die Hörner, und der Rosse Gewieher ertönte wie ein fröhliches Jauchzen in übermüthiger Lust. Reichgekleidete Pagen und Diener beschlossen den festlichen Zug, der im tiefen Dickicht des Waldes verschwand.—

Der über den seltsamen, wundervollen Anblick in tiefes Staunen Versunkene raffte sich auf von den Matten und rief begeistert: O Herr des Himmels: ist denn die alte prächtige Zeit erstanden aus ihrem Grabe?—wer waren denn die herrlichen Menschen! Da sprach eine tiefe Stimme hinter ihm: „Ei, lieber Herr, solltet Ihr nicht die erkennen, die Ihr fest in Sinn und Gedanken traget?" Er schaute um sich und gewahrte einen ernsten stattlichen Mann mit einer grossen schwarzen Lockenperücke auf dem Haupt und ganz schwarz nach der Art gekleidet, wie man sich ums Jahr eintausend sechshundert und achtzig tragen mochte. Er erkannte alsbald den alten gelehrten Professor Johann Christoph Wagenseil, der also weiter sprach: „Ihr hättet ja wohl gleich wissen können, dass der stattliche Herr im Fürstenmantel niemand anders war, als der wackere Landgraf Hermann von Thüringen. Neben ihm ritt der Stern des Hofes, die edle Gräfin Mathilde, blutjunge Wittwe des in hohen Jahren verstorbenen Grafen Cuno von Falkenstein. Die sechs Männer, welche nachritten singend und die Lauten und Harfen rührend, sind die sechs hohen Meister des Gesanges, welche der edle Landgraf, der holdseligen Singerkunst mit Leib und Seele zugethan, an seinem Hofe versammelt hat. Jetzt geht das lustige Jagen auf, aber dann versammeln sich die Meister auf einem schönen Wiesenplan in der Mitte des Waldes und beginnen ein Wettsingen. Da wollen wir jetzt hinschreiten, damit wir schon dort sind, wenn die Jagd beendigt ist."—Sie schritten fort, während der Wald, die fernen Klüfte von den Hörnern, dem Hundegebell, dem Hussah der Jäger wiederhallten. Es geschah so wie der Professor Wagenseil es gewollt; kaum waren sie auf dem in goldnem Grün leuchtenden Wiesenplan angekommen, als der Landgraf, die Gräfin, die sechs Meister aus der Ferne sich langsam nahten. „Ich will," begann Wagenseil, „ich will Euch nun, lieber Herr! jeden der Meister besonders zeigen und mit Namen nennen. Seht Ihr wohl jenen Mann, der so fröhlich um sich schaut, der sein hellbraunes Pferd, den Zügel angezogen, so lustig her tänzeln lässt?—seht wie der Landgraf ihm zunickt—er schlägt eine helle Lache auf. Das ist der muntre Walther von der Vogelweid. Der mit den breiten Schultern, mit dem starken krausen Bart, mit den ritterlichen Waffen, auf dem Tiger im gewichtigen Schritt daher reitend, das ist Reinhard von Zwekhstein.—Ei ei—der dort auf seinem kleinen Schecken, der reitet ja statt hieher waldeinwärts! Er blickt tiefsinnig vor sich her, er lächelt, als stiegen schöne Gebilde vor ihm auf aus der Erde. Das ist der stattliche Professor Heinrich Schreiber. Der ist wohl ganz abwesenden Geistes und gedenkt nicht des Wiesenplans, nicht des Wettsingens, denn seht nur, lieber Herr, wie er in den engen Waldweg hineinschiebt, dass ihm die Zweige um den Kopf schlagen.—Da sprengt Johannes Bitterolff an ihn heran. Ihr seht doch den stattlichen Herrn auf dem Falben mit dem kurzen

röthlichen Bart? Er ruft den Professor an. Der erwacht aus dem Traume. Sie kehren beide zurück.—
Was ist das für ein tolles Gebraus dorten in dem
dichten Gebüsch?—Ei, fahren denn Windsbräute so
niedrig durch den Wald? Hei!—Das ist ja ein wilder
Reiter, der sein Pferd so spornt, dass es schäumend
in die Lüfte steigt. Seht nur den schönen bleichen
Jüngling, wie seine Augen flammen, wie alle Muskeln
des Gesichts zucken vor Schmerz, als quäle ihn ein
unsichtbares Wesen, das hinter ihm aufgestiegen.—
Es ist Heinrich von Ofterdingen. Was mag denn über
den gekommen sein? Erst ritt er ja so ruhig daher,
mit gar herrlichen Tönen einstimmend in den Gesang
der anderen Meister!—O seht doch, seht den prächtigen Reiter auf dem schneeweissen arabischen Pferde.
Seht wie er sich hinabschwingt, wie er, die Zügel um
den Arm geschlungen, mit gar ritterlicher Courtoisie
der Gräfin Mathilde die Hand reicht und sie hinab-
schweben lässt von dem Zelter. Wie anmuthig steht
er da, die holde Frau anstrahlend mit seinen hellen
blauen Augen. Es ist Wolfframb von Eschinbach!—
Aber nun nehmen sie alle Platz, nun beginnt wohl das
Wettsingen!‟
   Jeder Meister, einer nach dem andern, sang nun ein
herrliches Lied. Leicht war es zu erkennen, dass jeder
sich mühte, den zu übertreffen, der vor ihm gesungen.
Schien das aber nun auch keinem recht gelingen zu
wollen, konnte man gar nicht entscheiden, wer von
den Meistern am herrlichsten gesungen: so neigte
die Dame Mathilde sich doch zu Wolfframb von
Eschinbach hin mit dem Kranz, den sie für den Sieger
in den Händen trug. Da sprang Heinrich von Ofterdingen auf von seinem Sitze; wildes Feuer sprühte

aus seinen dunklen Augen; so wie er rasch vorschritt
bis in die Mitte des Wiesenplans, riss ihm ein Windstoss das Barett vom Kopfe, das freie Haar spiesste
sich empor auf der todtenbleichen Stirn. „Haltet ein,"
schrie er auf, „haltet ein! Noch ist der Preis nicht gewonnen; mein Lied, mein Lied muss erst gesungen
sein und dann mag der Landgraf entscheiden, wem
der Kranz gebührt." Darauf kam, man wusste nicht
auf welche Weise, eine Laute von wunderlichem Bau,
beinahe anzusehen wie ein erstarrtes unheimliches
Thier, in seine Hand. Die fing er an zu rühren so
gewaltig, dass der ferne Wald davon erdröhnte. Dann
sang er drein mit starker Stimme. Das Lied lobte und
pries den fremden König, der mächtiger sei als alle
andere Fürsten und dem alle Meister demüthiglich
huldigen müssten, wollten sie nicht in Schande und
Schmach gerathen. Einige seltsam gellende Laute
klangen recht verhöhnend dazwischen. Zornig blickte
der Landgraf den wilden Sänger an. Da erhoben sich
die anderen Meister und sangen zusammen. Ofterdingens Lied wollte darüber verklingen, stärker und
stärker griff er aber in die Saiten, bis sie wie mit einem
laut aufheulenden Angstgeschrei zersprangen. Statt
der Laute, die Ofterdingen im Arm getragen, stand
nun plötzlich eine finstre entsetzliche Gestalt vor ihm
und hielt ihn, der zu Boden sinken wollte, umfasst
und hob ihn hoch empor in die Lüfte. Der Gesang
der Meister versauste im Wiederhall, schwarze Nebel
legten sich über Wald und Wiesenplan, und hüllten
alles ein in finstre Nacht. Da stieg ein in milchweissem
Licht herrlich funkelnder Stern empor aus der Tiefe
und wandelte daher auf der Himmelsbahn, und ihm
nach zogen die Meister auf glänzenden Wolken singend

und ihr Saitenspiel rührend. Ein flimmerndes Leuchten zitterte durch die Flur, die Stimmen des Waldes erwachten aus dumpfer Betäubung und erhoben sich und tönten lieblich hinein in die Gesänge der Meister.—

Du gewahrst es, vielgeliebter Leser! dass der, welchem dieses alles träumte, eben derjenige ist, der im Begriff steht, Dich unter die Meister zu führen, mit denen er durch den Professor Johann Christoph Wagenseil bekannt wurde.—

Es begiebt sich wohl, dass, sehen wir fremde Gestalten in der dämmernden Ferne daher schreiten, uns das Herz bebt vor Neugier, wer die wohl sein, was sie wohl treiben mögen. Und immer näher und näher kommen sie. Wir erkennen Farbe der Kleidung, Gesicht, wir hören ihr Gespräch, wiewohl die Worte verhallen in den weiten Lüften. Aber nun tauchen sie unter in die blauen Nebel eines tiefen Thals. Dann können wir es kaum erwarten, dass sie nur wieder aufsteigen, dass sie bei uns sich einfinden, damit wir sie erfassen, mit ihnen reden können. Denn gar zu gern möchten wir doch wissen, wie d i e ganz in der Nähe geformt und gestaltet sind, welche in der Ferne sich so verwunderlich ausnahmen.—

Möchte der erzählte Traum in Dir, geliebter Leser, ähnliche Empfindungen erregen. Möchtest Du es dem Erzähler freundlich vergönnen, dass er Dich nun gleich an den Hof des Landgrafen Hermann von Thüringen nach der schönen Wartburg bringe.

DIE MEISTERSÄNGER AUF DER WARTBURG

Es mochte wohl ums Jahr eintausend zweihundert und acht sein, als der edle Landgraf von Thüringen, eifriger Freund, rüstiger Beschützer der holdseligen

Sängerkunst, sechs hohe Meister des Gesanges an
seinem Hofe versammelt hatte. Es befanden sich allda
Wolfframb von Eschinbach, Walther von der Vogel-
weid, Reinhard von Zwekhstein, Heinrich Schreiber,
Johannes Bitterolff, alle ritterlichen Ordens, und
Heinrich von Ofterdingen, Bürger zu Eisenach. Wie
Priester e i n e r Kirche lebten die Meister in frommer
Liebe und Eintracht beisammen, und all ihr Streben
ging nur dahin, den Gesang, die schönste Gabe des
Himmels, womit der Herr den Menschen gesegnet,
recht in hohen Ehren zu halten. Jeder hatte nun
freilich seine eigne Weise, aber wie jeder Ton eines
Akkords anders klingt und doch alle Töne im lieb-
lichsten Wohllaut zusammenklingen, so geschah es
auch, dass die verschiedensten Weisen der Meister
harmonisch mit einander tönten und Strahlen schienen
e i n e s Liebessterns. Daher kam es, dass keiner seine
eigne Weise für die beste hielt, vielmehr jede andre
hoch ehrte, und wohl meinte, dass seine Weise ja gar
nicht so lieblich klingen könne ohne die andern, wie
denn der Ton dann erst sich recht freudig erhebt und
aufschwingt, wenn der ihm verwandte erwacht und
ihn liebend begrüsst.

Waren Walthers von der Vogelweid, des Land-
herrn, Lieder gar vornehm und zierlich, und dabei
voll kecker Lust, so sang Reinhard von Zwekhstein
dagegen derb und ritterlich mit gewichtigen Worten.
Bewies sich Heinrich Schreiber gelehrt und tiefsinnig,
so war Johannes Bitterolff voller Glanz und reich an
kunstvollen Gleichnissen und Wendungen. Heinrich
von Ofterdingens Lieder gingen durch die innerste
Seele, er wusste, selbst ganz aufgelöst in schmerz-
lichem Sehnen, in jedes Brust die tiefste Wehmuth

zu entzünden. Aber oft schnitten grelle hässliche Töne dazwischen, die mochten wohl aus dem wunden zerrissenen Gemüth kommen, in dem sich böser Hohn angesiedelt, bohrend und zehrend wie ein giftiges Insekt. Niemand wusste, wie Heinrich von solchem Unwesen befallen. Wolfframb von Eschinbach war in der Schweiz geboren. Seine Lieder voller süsser Anmuth und Klarheit glichen dem reinen blauen Himmel seiner Heimath, seine Weisen klangen wie liebliches Glocken- und Schalmeiengetön. Aber dazwischen brausten auch wilde Wasserfälle, dröhnten Donner durch die Bergklüfte. Wunderbar wallte, wenn er sang, jeder mit ihm wie auf den glänzenden Wogen eines schönen Stroms, bald sanft daher gleitend, bald kämpfend mit den sturmbewegten Wellen, bald die Gefahr überwunden, fröhlich hinsteuernd nach dem sichern Port. Seiner Jugend unerachtet mochte Wolfframb von Eschinbach wohl für den erfahrensten von allen Meistern gelten, die am Hofe versammelt. Von Kindesbeinen an war er der Sängerkunst ganz und gar ergeben, und zog, so wie er zum Jüngling gereift, ihr nach durch viele Lande, bis er den grossen Meister traf, Friedebrand geheissen. Dieser unterwies ihn getreulich in der Kunst und theilte ihm viele Meistergedichte in Schriften mit, die Licht in sein inneres Gemüth hineinströmten, dass er das, was ihm sonst verworren und gestaltlos geschienen, nun deutlich zu erkennen vermochte. Vorzüglich aber zu Siegebrunnen in Schottland brachte ihm Meister Friedebrand etliche Bücher, aus denen er die Geschichten nahm, die er in deutsche Lieder fasste, sonderlich von Gamurret und dessen Sohn Parcivall, von Markgraf Wilhelm von Narben

und dem starken Rennewart, welches Gedicht hernach
ein anderer Meistersänger, Ulrich von Türkheimb, auf
vornehmer Leute Bitten, die Eschinbachs Lieder wohl
nicht verstehen mochten, in gemeine deutsche Reime
brachte und zum dicken Buche ausdehnte. So musst'
es wohl kommen, dass Wolfframb wegen seiner herrlichen Kunst weit und breit berühmt wurde und vieler
Fürsten und grosser Herren Gunst erhielt. Er be-
suchte viele Höfe und bekam allenthalben stattliche
Verehrungen seiner Meisterschaft, bis ihn endlich der
hocherleuchtete Landgraf Hermann von Thüringen,
der sein grosses Lob an allen Enden verkünden hörte,
an seinen Hof berief. Nicht allein Wolfframbs grosse
Kunst, sondern auch seine Milde und Demuth ge-
wannen ihm in kurzer Zeit des Landgrafs volle Gunst
und Liebe, und wohl mocht' es sein, dass Heinrich
von Ofterdingen, der sonst in dem hellsten Sonnen-
licht der fürstlichen Gnade gestanden, ein wenig in
den Schatten zurücktreten musste. Demunerachtet
hing keiner von den Meistern dem Wolfframb so mit
rechter inniger Liebe an, als eben Heinrich von Ofterdingen. Wolfframb erwiederte dies aus dem tiefsten
Grunde seines Gemüths, und so standen beide da,
recht in Liebe verschlungen, während die andern
Meister sie umgaben wie ein schöner lichter Kranz.

HEINRICH VON OFTERDINGENS
GEHEIMNISS

Ofterdingens unruhiges zerrissenes Wesen nahm
mit jedem Tage mehr überhand. Düstrer und un-
steter wurde sein Blick, blässer und blässer sein
Antlitz. Statt dass die andern Meister, hatten sie die
erhabensten Materien der heiligen Schrift besungen,

ihre freudigen Stimmen erhoben zum Lobe der
Damen und ihres wackern Herrn, klagten Ofterdingens Lieder nur die unermessliche Qual des ir-
dischen Seins und glichen oft dem jammernden
Wehlaut des auf den Tod Wunden, der vergebens
hofft auf Erlösung im Tode. Alle glaubten, er sei in
trostloser Liebe; aber eitel blieb alles Mühen, ihm
das Geheimniss zu entlocken. Der Landgraf selbst,
dem Jünglinge mit Herz und Seele zugethan, unter-
nahm es, ihn in einer einsamen Stunde um die
Ursache seines tiefen Leids zu befragen. Er gab ihm
sein fürstliches Wort, dass er alle seine Macht aufbie-
ten wolle, irgend ein bedrohliches Uebel zu entfernen
oder durch die Beförderung irgend eines jetzt ihm
hoffnungslos scheinenden Wunsches sein schmerz-
liches Leiden zu wandeln in fröhliches Hoffen, allein
so wenig wie die andern vermochte er den Jüngling,
ihm das Innerste seiner Brust aufzuthun. „Ach, mein
hoher Herr," rief Ofterdingen, indem ihm die heissen
Thränen aus den Augen stürzten, „ach, mein hoher
Herr, weiss ichs denn selbst, welches höllische Un-
geheuer mich mit glühenden Krallen gepackt hat und
mich emporhält zwischen Himmel und Erde, so dass
ich dieser nicht mehr angehöre und vergebens dürste
nach den Freuden über mir? Die heidnischen Dichter
erzählen von den Schatten Verstorbener, die nicht
dem Elisium angehören, nicht dem Orkus. An den
Ufern des Acheron schwanken sie umher und die
finstern Lüfte, in denen nie ein Hoffnungsstern leuch-
tet, tönen wieder von ihren Angstseufzern, von den
entsetzlichen Wehlauten ihrer namenlosen Qual. Ihr
Jammern, ihr Flehen ist umsonst, unerbittlich stösst
sie der alte Fährmann zurück, wenn sie hinein wollen

in den verhängnissvollen Kahn. Der Zustand dieser
fürchterlichen Verdammniss ist der meinige."—

Bald nachher als Heinrich von Ofterdingen auf
diese Weise mit dem Landgrafen gesprochen, verliess
er, von wirklicher Krankheit befallen, die Wartburg,
und begab sich nach Eisenach. Die Meister klagten,
dass solch schöne Blume aus ihrem Kranze so vor der
Zeit wie angehaucht von giftigen Dünsten dahin
welken müsse. Wolfframb von Eschinbach gab indessen keinesweges alle Hoffnung auf, sondern meinte
sogar, dass eben jetzt, da Ofterdingens Gemüths-
krankheit sich gewendet in körperliches Leiden,
Genesung nahe sein könne. Begäbe es sich denn nicht
oft, dass die ahnende Seele im Vorgefühl körperlichen
Schmerzes erkranke, und so sei es denn auch wohl
mit Ofterdingen geschehen, den er nun getreulich
trösten und pflegen wolle.

Wolfframb ging auch alsbald nach Eisenach. Als
er eintrat zu Ofterdingen, lag dieser ausgestreckt auf
dem Ruhebette, zum Tode matt, mit halbgeschlosse-
nen Augen. Die Laute hing an der Wand ganz ver-
staubt, mit zum Theil zerrissenen Saiten. So wie er
den Freund gewahrte, richtete er sich ein wenig empor
und streckte schmerzlich lächelnd ihm die Hand entgegen. Als nun Wolfframb sich zu ihm gesetzt, die
herzigen Grüsse von dem Landgraf und den Meistern
gebracht und sonst noch viel freundliche Worte gesprochen, fing Heinrich mit matter kranker Stimme
also an: „Es ist mir viel Absonderliches begegnet.
Wohl mag ich mich bei Euch wie ein Wahnsinniger
gebehrdet haben, wohl mochtet ihr alle glauben, dass
irgend ein in meiner Brust verschlossenes Geheimniss
mich so verderblich hin und herzerre. Ach! mir selbst

war ja mein trostloser Zustand ein Geheimniss. Ein wüthender Schmerz zerriss meine Brust, aber unerforschlich blieb mir seine Ursache. All mein Treiben schien mir elend und nichtswürdig, die Lieder, die ich sonst gar hoch gehalten, klangen mir falsch, schwach—des schlechtesten Schülers unwerth. Und doch brannte ich, von eitlem Wahn bethört, dich—alle übrigen Meister zu übertreffen. Ein unbekanntes Glück, des Himmels höchste Wonne stand hoch über mir, wie ein golden funkelnder Stern—zu dem musst' ich mich hinaufschwingen, oder trostlos untergehen. Ich schaute hinauf, ich streckte die Arme sehnsuchtsvoll empor, und dann wehte es mich schaurig an mit eiskalten Flügeln und sprach: Was will all dein Sehnen, all dein Hoffen? Ist dein Auge nicht verblindet, deine Kraft nicht gebrochen, dass du nicht vermagst den Strahl deiner Hoffnung zu ertragen, dein Himmelsglück zu erfassen?—Nun—nun ist mein Geheimniss mir selbst erschlossen. Es giebt mir den Tod, aber im Tode die Seligkeit des höchsten Himmels.—Krank und siech lag ich hier im Bette. Es mochte zur Nachtzeit sein, da liess der Wahnsinn des Fiebers, der mich tosend und brausend hin und her geworfen, von mir ab. Ich fühlte mich ruhig, eine sanfte wohlthuende Wärme glitt durch mein Inneres. Es war mir, als schwämme ich im weiten Himmelsraum daher auf dunklen Wolken. Da fuhr ein funkelnder Blitz durch die Finsterniss und ich schrie laut auf: Mathilde!—Ich war erwacht, der Traum verrauscht. Das Herz bebte mir vor seltsamer süsser Angst, vor unbeschreiblicher Wonne. Ich wusste, dass ich laut gerufen: Mathilde! Ich erschrak darüber, denn ich glaubte, dass Flur und Wald, dass alle Berge, alle

Klüfte den süssen Namen wiedertönen, dass tausend
Stimmen es ihr selbst sagen würden, wie unaussprech-
lich bis zum Tode ich sie liebe; dass sie—sie der
funkelnde Stern sei, der in mein Innerstes strahlend
allen zehrenden Schmerz trostloser Sehnsucht ge-
weckt, ja dass nun die Liebesflammen hoch empor
gelodert, und dass meine Seele dürste—schmachte
nach ihrer Schönheit und Holdseligkeit!—Du hast
nun, Wolfframb, mein Geheimniss und magst es tief
in deiner Brust begraben. Du gewahrst, dass ich
ruhig bin und heiter, und traust mir wohl, wenn ich
dich versichere, dass ich lieber untergehen als in
thörichtem Treiben mich Euch allen verächtlich
machen werde. Dir—dir, der Mathilden liebt, dem
sie mit gleicher Liebe hingeneigt, musst' ich ja eben
alles sagen, alles vertrauen. So wie ich genesen, ziehe
ich, die Todeswunde in der blutenden Brust, fort in
fremde Lande. Hörst du dann, dass ich geendet, so
magst du Mathilden es sagen, dass ich—"
    Der Jüngling vermochte nicht weiter zu sprechen,
er sank wieder in die Kissen und kehrte das Gesicht
hin nach der Wand. Sein starkes Schluchzen verrieth
den Kampf in seinem Innern. Wolfframb von Eschinbach war nicht wenig bestürzt über das, was ihm
Heinrich eben entdeckt hatte. Den Blick zur Erde
gesenkt sass er da und sann und sann, wie nun der
Freund zu retten von dem Wahnsinn thörichter
Leidenschaft, die ihn ins Verderben stürzen musste.—
    Er versuchte allerlei tröstende Worte zu sprechen,
ja sogar den kranken Jüngling zu vermögen, dass er
nach der Wartburg zurückkehre und, Hoffnung in der
Brust, keck hineintrete in den hellen Sonnenglanz,
den die edle Dame Mathilde um sich verbreite. Er

meinte sogar, dass er selbst sich Mathildens Gunst
auf keine andere Weise erfreue als durch seine Lieder,
und dass ja eben so gut Ofterdingen sich in schönen
Liedern aufschwingen und so um Mathildens Gunst
werben könne. Der arme Heinrich schaute ihn aber
an mit trübem Blick und sprach: „Niemals werdet
ihr mich wohl auf der Wartburg wiedersehen. Soll
ich mich denn in die Flammen stürzen?—Sterb' ich
denn nicht fern von ihr den schöneren süsseren Tod
der Sehnsucht?"—Wolfframb schied und Ofterdingen
blieb in Eisenach.

WAS SICH WEITER MIT HEINRICH
VON OFTERDINGEN BEGEBEN

Es geschieht wohl, dass der Liebesschmerz in unserer Brust, die er zu zerreissen drohte, heimisch
wird, so dass wir ihn gar hegen und pflegen. Und die
schneidenden Jammerlaute, sonst uns von unnenn-
barer Qual erpresst, werden zu melodischen Klagen
süssen Wehs, die tönen wie ein fernes Echo zurück
in unser Inneres und legen sich lindernd und heilend
an die blutende Wunde. So geschah es auch mit
Heinrich von Ofterdingen. Er blieb in heisser sehn-
süchtiger Liebe, aber er schaute nicht mehr in den
schwarzen hoffnungslosen Abgrund, sondern er hob
den Blick empor zu den schimmernden Frühlings-
wolken. Dann war es ihm, als blicke ihn die Geliebte
aus ferner Höhe an mit ihren holdseligen Augen und
entzünde in seiner Brust die herrlichsten Lieder, die
er jemals gesungen. Er nahm die Laute herab von
der Wand, bespannte sie mit neuen Saiten und trat
hinaus in den schönen Frühling, der eben aufgegangen.
Da zog es ihn denn freilich mit Gewalt hin nach der

Gegend der Wartburg. Und wenn er dann in der
Ferne die funkelnden Zinnen des Schlosses erblickte
und daran dachte, dass er Mathilden niemals wieder
sehen, dass sein Lieben nur ein trostloses Sehnen
bleiben solle, dass Wolfframb von Eschinbach die
Herrliche gewonnen durch die Macht des Gesanges,
da gingen all die schönen Hoffnungsgebilde unter in
düstere Nacht und alle Todesqualen der Eifersucht
und Verzweiflung durchschnitten sein Inneres. Dann
floh er wie von bösen Geistern getrieben zurück in
sein einsames Zimmer, da vermochte er Lieder zu
singen, die ihm süsse Träume und in ihnen die
Geliebte selbst zuführten.

Lange Zeit hindurch war es ihm gelungen, die Nähe
der Wartburg zu vermeiden. Eines Tages gerieth er
aber doch, selbst musste er nicht wie, in den Wald,
der vor der Wartburg lag und aus dem heraustretend
man das Schloss dicht vor Augen hatte. Er war zu
dem Platz im Walde gekommen, wo zwischen dichtem
Gesträuch und allerlei hässlichem stachlichten Ge-
strüpp sich seltsam geformtes mit bunten Moosen
bewachsenes Gestein erhob. Mühsam kletterte er bis
zur Mitte herauf, so dass er durch die Schlucht die
Spitzen der Wartburg in der Ferne hervorragen sah.
Da setzte er sich hin und verlor sich, alle Qual böser
Gedanken bekämpfend, in süssen Hoffnungsträumen.

Längst war die Sonne untergegangen; aus den
düstern Nebeln, die sich über die Berge gelagert, stieg
in glühendem Roth die Mondesscheibe empor. Durch
die hohen Bäume sauste der Nachtwind und von
seinem eisigen Athem angehaucht rüttelte und schüt-
telte sich das Gebüsch wie in Fieberschauern. Die
Nachtvögel schwangen sich kreischend auf aus dem

Gestein und begannen ihren irren Flug. Stärker rauschten die Waldbäche, rieselten die fernen Quellen. Aber wie nun der Mond lichter durch den Wald funkelte, wogten die Töne eines fernen Gesanges daher. Heinrich fuhr empor. Er gedachte, wie nun die Meister auf der Wartburg ihre frommen Nachtlieder angestimmt. Er sah, wie Mathilde im Davonscheiden noch den geliebten Wolfframb anblickte. Alle Liebe und Seligkeit lag in diesem Blick, der den Zauber der süssesten Träume wecken musste in der Seele des Geliebten.—Heinrich, dem das Herz zerspringen wollte vor Sehnsucht und Verlangen, ergriff die Laute und begann ein Lied, wie er vielleicht noch niemals eins gesungen. Der Nachtwind ruhte, Baum und Gebüsch schwiegen, durch die tiefe Stille des düstern Waldes leuchteten Heinrichs Töne wie mit den Mondesstrahlen verschlungen. Als nun sein Lied in bangen Liebesseufzern dahin sterben wollte, schlug dicht hinter ihm plötzlich ein gellendes schneidendes Gelächter auf. Entsetzt drehte er sich rasch um und erblickte eine grosse finstere Gestalt, die, ehe er sich noch besinnen konnte, mit recht hässlichem höhnenden Ton also begann: „Ei, habe ich doch hier schon eine ganze Weile herumgesucht, um den zu finden, der noch in tiefer Nacht solche herrliche Lieder singt. Also seid Ihr es, Heinrich von Ofterdingen?—Nun wohl hätte ich das wissen können, denn Ihr seid doch nun einmal der allerschlechteste von all den sogenannten Meistern dort auf der Wartburg, und das tolle Lied ohne Gedanken, ohne Klang, konnte wohl nur aus Euerm Munde kommen." Halb noch in Entsetzen, halb in aufglühendem Zorn rief Heinrich: „Wer seid Ihr denn, dass Ihr mich kennt und glaubt,

mich hier mit schnöden Worten necken zu können?"
Dabei legte Ofterdingen die Hand an sein Schwert.
Aber der Schwarze schlug nochmals ein gellendes
Gelächter auf, und dabei fiel ein Strahl in sein leichen-
blasses Antlitz, dass Ofterdingen die wildfunkelnden
Augen, die eingefallnen Wangen, den spitzigen röthlichen Bart, den zum grinsenden Lachen verzogenen
Mund, die schwarze reiche Kleidung, das schwarz-
befiederte Barett des Fremden recht deutlich ge-
wahren konnte. „Ei," sprach der Fremde, „Ei,
lieber junger Gesell, Ihr werdet doch keine Mord-
waffen gegen mich gebrauchen wollen, weil ich Eure
Lieder tadle?—Freilich mögt ihr Sänger das nicht
wohl leiden und verlanget wohl gar, dass man alles
hoch preisen soll, was von Euch berühmten Leuten
kommt, sei es nun auch von Grund aus schlecht.
Aber eben daran, dass ich das nicht achte, sondern
Euch geradezu heraus sage, dass Ihr statt ein Meister,
höchstens ein mittelmässiger Schüler der edlen Kunst
des Gesanges zu nennen seid, ja eben daran solltet
Ihr erkennen, dass ich Euer wahrer Freund bin und
es gut mit Euch meine." „Wie könnt Ihr," sprach
Ofterdingen, von unheimlichen Schauern erfasst, „wie
könnt Ihr mein Freund sein und es gut mit mir
meinen, da ich mich gar nicht erinnere, Euch jemals
gesehen zu haben?"—Ohne auf diese Frage zu antworten, fuhr der Fremde fort: „Es ist hier ein wunderlich schöner Platz, die Nacht gar behaglich, ich werde
mich im traulichen Mondesschimmer zu Euch setzen,
und wir können, da Ihr doch jetzt nicht nach Eisenach
zurückkehren werdet, noch ein wenig mit einander
plaudern. Horcht auf meine Worte, sie können Euch
lehrreich sein." Damit liess sich der Fremde auf den

grossen bemoosten Stein dicht neben Ofterdingen nieder. Dieser kämpfte mit den seltsamsten Gefühlen. Furchtlos wie er sonst wohl sein mochte, konnte er sich doch in der öden Einsamkeit der Nacht an diesem schaurigen Orte des tiefen Grauens nicht erwehren, das des Mannes Stimme und sein ganzes Wesen erweckte. Es war ihm, als müsse er ihn den jähen Abhang hinab in den Waldstrom stürzen, der unten brauste. Dann fühlte er sich aber wieder gelähmt an allen Gliedern.—Der Fremde rückte indessen dicht an Ofterdingen heran und sprach leise, beinahe ihm ins Ohr flüsternd: „Ich komme von der Wartburg— ich habe dort oben die gar schlechte schülermässige Singerei der sogenannten Meister gehört; aber die Dame Mathilde ist von solch holdem und anmuthigen Wesen wie vielleicht keine mehr auf Erden." „Mathilde!" rief Ofterdingen mit dem Ton des schneidendsten Wehs. „Hoho!" lachte der Fremde, „hoho! junger Gesell, liegt es Euch daran? Doch lasst uns jetzt von ernsthaften, oder vielmehr von hohen Dingen reden: ich meine von der edlen Kunst des Gesanges. Mag es sein, dass Ihr alle dort oben es recht gut meint mit Euern Liedern, dass Euch das alles so recht schlicht und natürlich herauskommt, aber von der eigentlichen tiefern Kunst des Sängers habt Ihr wohl gar keinen Begriff. Ich will Euch nur einiges davon andeuten, dann werdet Ihr wohl selbst einsehen, wie Ihr auf dem Wege, den Ihr wandelt, niemals zu dem Ziel gelangen könnet, das Ihr Euch vorgesteckt habt." Der Schwarze begann nun in ganz absonderlichen Reden, die beinahe anzuhören wie fremde seltsame Lieder, die wahre Kunst des Gesanges zu preisen. Indem der Fremde sprach, ging Bild auf Bild in

Heinrichs Seele auf und verschwand wie vom Sturm
verhaucht; es war als erschlösse sich ihm eine ganz
neue Welt voll üppiger Gestalten. Jedes Wort des
Fremden entzündete Blitze, die schnell aufloderten
und eben so schnell wieder erloschen. Nun stand der
Vollmond hoch über dem Walde. Beide, der Fremde
und Heinrich, sassen in vollstem Licht und dieser
bemerkte nun wohl, dass des Fremden Antlitz gar
nicht so abscheulich war, als es ihm erst vorgekommen.
Funkelte auch aus seinen Augen ein ungewöhnliches
Feuer, so spielte doch (wie Heinrich bemerken wollte)
um den Mund ein liebliches Lächeln und die grosse
Habichtsnase, die hohe Stirne dienten nur dazu, dem
ganzen Gesicht den vollsten Ausdruck tüchtiger Kraft
zu geben. ,,Ich weiss nicht,'' sprach Ofterdingen, als
der Fremde innehielt, ,,ich weiss nicht, welch ein
wunderliches Gefühl Eure Reden in mir erwecken. Es
ist mir, als erwache erst jetzt in mir die Ahnung des
Gesanges, als wäre das alles, was ich bisher dafür
gehalten, ganz schlecht und gemein, und nun erst
werde mir die wahre Kunst aufgehen. Ihr seid gewiss
selbst ein hoher Meister des Gesanges und werdet
mich wohl als Euern fleissigen, wissbegierigen Schüler
annehmen, worum ich Euch gar herzlich bitte.'' Der
Fremde schlug wieder seine hässliche Lache auf, erhob
sich vom Sitze und stand so riesengross, mit wild-
verzerrtem Antlitz, vor Heinrich von Ofterdingen,
dass diesem jenes Grauen wieder ankam, das er emp-
funden, als der Fremde auf ihn zutrat. Dieser sprach
mit starker Stimme, die weit durch die Klüfte hallte:
,,Ihr meint, ich sei ein hoher Meister des Gesanges?—
Nun zu Zeiten mag ich's wohl sein, aber mit Lehr-
stunden kann ich mich ganz und gar nicht abgeben.

Mit gutem Rath diene ich gern solchen wissbegierigen
Leuten, wie Ihr einer zu sein scheint. Habt Ihr wohl
von dem in aller Wissenschaft tief erfahrnen Meister
des Gesanges, Klingsohr geheissen, reden hören? Die
Leute sagen, er sei ein grosser Negromant und habe
sogar Umgang mit Jemanden, der nicht überall gern
gesehen. Lasst Euch das aber nicht irren, denn was
die Leute nicht verstehen und handhaben können, das
soll gleich was Uebermenschliches sein, was dem
Himmel angehört oder der Hölle. Nun!—Meister
Klingsohr wird Euch den Weg zeigen, der Euch zum
Ziele führt. Er hauset in Siebenbürgen, zieht hin zu
ihm. Da werdet Ihr erfahren, wie die Wissenschaft
und Kunst dem hohen Meister alles, was es Ergötz-
liches giebt auf Erden, gespendet hat in hohem Masse:
Ehre—Reichthum—Gunst der Frauen.—Ja, junger
Gesell! Wäre Klingsohr hier, was gält' es, er brächte
selbst den zärtlichen Wolfframb von Eschinbach, den
seufzenden Schweizerhirten, um die schöne Gräfin
Mathilde?" ,,Warum nennt Ihr den Namen?" fuhr
Heinrich von Ofterdingen zornig auf, ,,verlasst mich,
Eure Gegenwart erregt mir Schauer!"—,,Hoho!"
lachte der Fremde, ,,werdet nur nicht böse, kleiner
Freund!—An den Schauern, die Euch schütteln, ist
die kühle Nacht Schuld und Euer dünnes Wamms,
aber nicht ich. War es Euch denn nicht wohl zu
Muthe, als ich erwärmend an Eurer Seite sass?—Was
Schauer, was Erstarren! mit Glut und Blut kann ich
Euch dienen:—Gräfin Mathilde!—ja ich meinte nur,
dass die Gunst der Frauen erlangt wird durch den
Gesang, wie ihn Meister Klingsohr zu üben vermag.
Ich habe zuvor Eure Lieder verachtet, um Euch selbst
auf Eure Stümperei aufmerksam zu machen. Aber

daran, dass Ihr gleich das Wahre ahntet, als ich von
der eigentlichen Kunst zu Euch sprach, habt Ihr mir
Eure guten Anlagen hinlänglich bewiesen. Vielleicht
seid Ihr bestimmt, in Meister Klingsohrs Fussstapfen
zu treten und dann würdet Ihr Euch wohl mit gutem
Glück um Mathildens Gunst bewerben können.
Macht Euch auf!—zieht nach Siebenbürgen.—Aber
wartet, ich will Euch, könnt Ihr nicht gleich nach
Siebenbürgen ziehen, zum fleissigen Studium ein
kleines Buch verehren, das Meister Klingsohr verfasst
hat und das nicht allein die Regeln des wahren Gesanges, sondern auch einige treffliche Lieder des
Meisters enthält."

Damit hatte der Fremde ein kleines Buch hervor-
geholt, dessen blutrother Deckel hell im Mondenschein
flimmerte. Das überreichte er Heinrich von Ofterdingen. So wie dieser es fasste, trat der Fremde
zurück und verschwand im Dickicht.

Heinrich versank in Schlaf. Als er erwachte, war
die Sonne sehr hoch aufgestiegen. Lag das rothe Buch
nicht auf seinem Schosse, er hätte die ganze Begeben-
heit mit dem Fremden für einen lebhaften Traum
gehalten.

VON DER GRÄFIN MATHILDE.
EREIGNISSE AUF DER WARTBURG

Gewiss, vielgeliebter Leser! befandest du dich einmal in einem Kreise, der, von holden Frauen, sinn-
vollen Männern gebildet, ein schöner, von den verschiedensten in Duft und Farbenglanz mit einander
wetteifernden Blumen geflochtener Kranz zu nennen.
Aber wie der süsse Wohllaut der Musik über alle hin-
hauchend in jedes Brust die Freude weckt und das

Entzücken, so war es auch die Holdseligkeit einer
hochherrlichen Frau, die über alle hinstrahlte und die
anmuthige Harmonie schuf, in der sich alles bewegte.
In dem Glanz ihrer Schönheit wandelnd, in die Musik
ihrer Rede einstimmend erschienen die andern Frauen
schöner, liebenswürdiger als sonst, und die Männer
fühlten ihre Brust erweitert und vermochten mehr als
jemals die Begeisterung, die sonst scheu sich im
Innern verschloss, auszuströmen in Worten oder
Tönen, wie es denn eben die Ordnung der Gesellschaft zuliess. So sehr die Königin sich mit frommem
kindlichen Wesen mühen mochte, ihre Huld jedem
zuzutheilen in gleichem Masse, doch gewahrte man,
wie ihr Himmelsblick länger ruhte auf jenem Jüngling,
der schweigend ihr gegenüber stand und dessen vor
süsser Rührung in Thränen glänzende Augen die
Seligkeit der Liebe verkündeten, die ihm aufgegangen.
Mancher mochte wohl den Glücklichen beneiden,
aber keiner konnte ihn darum hassen, ja vielmehr
jeder, der sonst mit ihm in Freundschaft verbunden,
liebte ihn nun noch inniger, um seiner Liebe willen.
So geschah es, dass an dem Hofe Landgraf Her-
manns von Thüringen in dem schönen Kranz der
Frauen und Dichter die Gräfin Mathilde, Wittwe des
in hohem Alter verstorbenen Grafen Cuno von Falkenstein, die schönste Blume war, welche mit Duft und
Glanz alle überstrahlte.
Wolfframb von Eschinbach, von ihrer hohen Anmuth und Schönheit tief gerührt, so wie er sie erblickte, kam bald in heisse Liebe. Die andern Meister,
wohl auch von der Holdseligkeit der Gräfin begeistert,
priesen ihre Schönheit und Milde in vielen anmuthigen Liedern. Reinhard von Zwekhstein nannte sie

die Dame seiner Gedanken, für die er stehen wolle
im Lustturnier und im ernsten Kampf; Walther von
der Vogelweid liess alle kecke Lust ritterlicher Liebe
aufflammen, während Heinrich Schreiber und Johannes
Bitterolff sich mühten in den wunderbarsten kunst-
vollsten Gleichnissen und Wendungen, die Dame
Mathilde zu erheben. Doch Wolfframbs Lieder kamen
aus der Tiefe des liebenden Herzens und trafen, gleich
funkelnden scharfgespitzten Pfeilen hervorblitzend,
Mathildens Brust. Die anderen Meister gewahrten
das wohl, aber es war ihnen als umstrahle Wolfframbs
Liebesglück sie alle wie ein lieblicher Sonnenschimmer,
und gäbe auch ihren Liedern besondere Stärke und
Anmuth.

Der erste finstre Schatten, der in Wolfframbs glanz-
volles Leben fiel, war Ofterdingens unglückliches
Geheimniss. Wenn er gedachte, wie die andern
Meister ihn liebten, unerachtet gleich ihm auch ihnen
Mathildens Schönheit hell aufgegangen, wie nur in
Ofterdingens Gemüth sich mit der Liebe zugleich
feindseliger Groll eingenistet und ihn fortgebannt in
die öde freudenlose Einsamkeit, da konnte er sich des
bittern Schmerzes nicht erwehren. Oft war es ihm,
als sei Ofterdingen nur von einem verderblichen
Wahnsinn befangen, der austoben werde, dann aber
fühlte er wieder recht lebhaft, dass er selbst es ja
auch nicht würde haben ertragen können, wenn er
sich hoffnungslos um Mathildens Gunst beworben.
Und, sprach er zu sich selbst, und welche Macht hat
denn meinem Anspruch grösseres Recht gegeben?
Gebührt mir denn irgend ein Vorzug vor Ofterdingen?
—Bin ich besser, verständiger, liebenswürdiger als
er? Wo liegt der Abstand zwischen uns beiden?—

Also nur die Macht eines feindlichen Verhängnisses, das mich so gut als ihn hätte treffen können, drückt ihn zu Boden und ich, der treue Freund, gehe unbekümmert vorüber, ohne ihm die Hand zu reichen. —Solche Betrachtungen führten ihn endlich zu dem Entschluss, nach Eisenach zu gehen und alles nur mögliche anzuwenden, Ofterdingen zur Rückkehr nach der Wartburg zu bewegen. Als er indessen nach Eisenach kam, war Heinrich von Ofterdingen verschwunden, niemand wusste, wohin er gegangen. Traurig kehrte Wolfframb von Eschinbach zurück nach der Wartburg und verkündete dem Landgrafen und den Meistern Ofterdingens Verlust. Nun erst zeigte sich recht, wie sehr sie ihn alle geliebt, trotz seines zerrissenen oft bis zur höhnenden Bitterkeit mürrischen Wesens. Man betrauerte ihn wie einen Todten, und lange Zeit hindurch lag diese Trauer wie ein düstrer Schleier auf allen Gesängen der Meister und nahm ihnen allen Glanz und Klang, bis endlich das Bild des Verlornen immer mehr und mehr entwich in weite Ferne.

Der Frühling war gekommen und mit ihm alle Lust und Heiterkeit des neu erkräftigten Lebens. Auf einem anmuthigen von schönen Bäumen eingeschlossenen Platz im Garten des Schlosses waren die Meister versammelt, um das junge Laub, die hervorspriessenden Blüten und Blumen mit freudigen Liedern zu begrüssen. Der Landgraf, Gräfin Mathilde, die andern Damen hatten sich ringsumher auf Sitzen niedergelassen, eben wollte Wolfframb von Eschinbach ein Lied beginnen, als ein junger Mann, die Laute in der Hand, hinter den Bäumen hervortrat. Mit freudigem Erschrecken erkannten alle in ihm den verloren ge-

glaubten Heinrich von Ofterdingen. Die Meister
gingen auf ihn zu mit freundlichen herzlichen Grüssen.
Ohne das aber sonderlich zu beachten, nahte er sich
dem Landgrafen, vor dem, und dann vor der Gräfin
Mathilde, er sich ehrfurchtsvoll neigte. Er sei, sprach
er dann, von der bösen Krankheit, die ihn befallen,
nun gänzlich genesen und bitte, wolle man ihn vielleicht aus besonderen Gründen nicht mehr in die
Zahl der Meister aufnehmen, ihm doch zu erlauben,
dass er so gut wie die Andern seine Lieder absinge.
Der Landgraf meinte dagegen, sei er auch eine Zeit-
lang abwesend gewesen, so sei er doch deshalb keinesweges aus der Reihe der Meister geschieden und er
wisse nicht, wodurch er sich dem schönen Kreise,
der hier versammelt, entfremdet glaube. Damit um-
armte ihn der Landgraf und wies ihm selbst den Platz
zwischen Walther von der Vogelweid und Wolfframb
von Eschinbach an, wie er ihn sonst gehabt. Man
merkte bald, dass Ofterdingens Wesen sich ganz und
gar verändert. Statt dass er sonst den Kopf gebeugt,
den Blick zu Boden gesenkt daher schlich, trat er
jetzt, das Haupt emporgerichtet, starken Schrittes
einher. So blass als zuvor war das Antlitz, aber der
Blick, sonst irr umherschweifend, fest und durch-
bohrend. Statt der tiefen Schwermuth lag jetzt ein
düstrer stolzer Ernst auf der Stirn und ein seltsames
Muskelspiel um Mund und Wange sprach bisweilen
recht unheimlichen Hohn aus. Er würdigte die
Meister keines Wortes, sondern setzte sich schweigend
auf seinen Platz. Während die andern sangen, sah er
in die Wolken, schob sich auf dem Sitz hin und her,
zählte an den Fingern, gähnte, kurz bezeigte auf alle
nur mögliche Weise Unmuth und Langeweile. Wolff-

ramb von Eschinbach sang ein Lied zum Lobe des
Landgrafen und kam dann auf die Rückkehr des verloren geglaubten Freundes, die er so recht aus dem
tiefsten Gemüth schilderte, dass sich alle innig gerührt fühlten. Heinrich von Ofterdingen runzelte
aber die Stirn und nahm, sich von Wolfframb ab-
wendend, die Laute, auf ihr einige wunderbare
Akkorde anschlagend. Er stellte sich in die Mitte des
Kreises und begann ein Lied, dessen Weise so ganz
anders als alles, was die andern gesungen, so unerhört
war, dass alle in die grösste Verwunderung, ja zuletzt
in das höchste Erstaunen geriethen. Es war als schlüge
er mit seinen gewaltigen Tönen an die dunklen
Pforten eines fremden verhängnissvollen Reichs und
beschwöre die Geheimnisse der unbekannten dort
hausenden Macht herauf. Dann rief er die Gestirne
an, und indem seine Lautentöne leiser lispelten,
glaubte man der Sphären klingenden Reigen zu ver-
nehmen. Nun rauschten die Akkorde stärker, und
glühende Düfte wehten daher und Bilder üppigen
Liebesglücks flammten in dem aufgegangenen Eden
aller Lust. Jeder fühlte sein Inneres erbeben in seltsamen Schauern. Als Ofterdingen geendet, war alles
in tiefem Schweigen verstummt, aber dann brach der
jubelnde Beifall stürmisch hervor. Die Dame Mathilde
erhob sich schnell von ihrem Sitz, trat auf Ofterdingen
zu, und drückte ihm den Kranz auf die Stirne, den
sie als Preis des Gesanges in der Hand getragen.

Eine flammende Röthe fuhr über Ofterdingens Antlitz, er liess sich nieder auf die Knie und drückte die
Hände der schönen Frau mit Inbrunst an seine Brust.
Als er aufstand, traf sein funkelnder stechender Blick
den treuen Wolfframb von Eschinbach, der sich ihm

nahen wollte, aber wie von einer bösen Macht feind-
lich berührt zurückwich. Nur ein Einziger stimmte
nicht ein in den begeisterten Beifall der übrigen und
das war der Landgraf, welcher, als Ofterdingen sang,
sehr ernst und nachdenklich geworden und kaum vermochte, etwas zum Lobe seines wunderbaren Liedes
zu sagen. Ofterdingen schien sichtlich darüber erzürnt.

Es begab sich, dass am späten Abend, als schon die
tiefe Dämmerung eingebrochen, Wolfframb von
Eschinbach den geliebten Freund, den er überall vergebens gesucht, in einem Lustgange des Schloss-
gartens traf. Er eilte auf ihn zu, er drückte ihn an
seine Brust und sprach: „So bist du denn, mein herz-
lieber Bruder, der erste Meister des Gesanges worden,
den es wohl auf Erden geben mag. Wie hast du es
denn angefangen, das zu erfassen, was wir alle, was
du selbst wohl nicht ahntest?—Welcher Geist stand
dir zu Gebot, der dir die wunderbaren Weisen einer
andern Welt lehrte?—O du herrlicher hoher Meister,
lass dich noch einmal umarmen." „Es ist," sprach
Heinrich von Ofterdingen, indem er Wolfframbs Um-
armung auswich, „es ist gut, dass du es erkennest,
wie hoch ich mich über Euch sogenannte Meister
emporgeschwungen habe, oder vielmehr wie ich allein
dort gelandet und heimisch worden, wohin ihr vergebens strebt auf irren Wegen. Du wirst es mir dann
nicht verargen, wenn ich Euch Alle mit Eurer
schnöden Singerei recht albern und langweilig finde."
„So verachtest du uns," erwiederte Wolfframb, „die
du sonst hoch in Ehren hieltest, nunmehro ganz und
gar, und magst nichts mehr mit uns ins gemein haben?
—Alle Freundschaft, alle Liebe ist aus deiner Seele
gewichen, weil du ein höherer Meister bist als wir es

sind!—Auch mich—mich hältst du deiner Liebe
nicht mehr werth, weil ich vielleicht mich nicht so
hoch hinaufzuschwingen vermag in meinen Liedern
als du?—Ach Heinrich, wenn ich dir sagen sollte,
wie es mir bei deinem Gesange ums Herz war."—
„Magst mir," sprach Heinrich von Ofterdingen indem
er höhnisch lachte, „magst mir das ja nicht verschwei-
gen, es kann für mich lehrreich sein." „Heinrich!"
begann Wolfframb mit sehr ernstem und festen Ton,
„Heinrich! es ist wahr, dein Lied hatte eine ganz
wunderbare unerhörte Weise und die Gedanken
stiegen hoch empor, bis über die Wolken, aber mein
Inneres sprach, solch ein Gesang könne nicht heraus-
strömen aus dem rein menschlichen Gemüth, sondern
müsse das Erzeugniss fremder Kräfte sein, so wie der
Negromant die heimische Erde düngt mit allerlei
magischen Mitteln, dass sie die fremde Pflanze des
fernsten Landes hervorzutreiben vermag.—Heinrich,
du bist gewiss ein grosser Meister des Gesanges geworden und hast es mit gar hohen Dingen zu thun,
aber—verstehst du noch den süssen Gruss des Abend-
windes, wenn du durch des Waldes tiefe Schatten
wandelst? Geht dir noch das Herz auf in frohem Muth
bei dem Rauschen der Bäume, dem Brausen des
Waldstroms? Blicken dich noch die Blumen an mit
frommen Kindesaugen? Willst du noch vergehen in
Liebesschmerz bei den Klagen der Nachtigall? Wirft
dich dann noch ein unendliches Sehnen an die Brust,
die sich dir liebend aufgethan?—Ach, Heinrich, es
war manches in deinem Liede, wobei mich ein unheimliches Grauen erfasste. Ich musste an jenes entsetzliche Bild von den am Ufer des Acheron herum-
schwankenden Schatten denken, das du einmal dem

Landgrafen aufstelltest, als er dich um die Ursache
deiner Schwermuth befragte. Ich musste glauben,
aller Liebe habest du entsagt, und was du dafür gewonnen, wäre nur der trostlose Schatz des verirrten
Wanderers in der Wüste.—Es ist mir—ich muss es
dir geradezu heraussagen—es ist mir, als wenn du
deine Meisterschaft mit aller Freude des Lebens, die
nur dem frommen kindlichen Sinn zu Theil wird,
erkauft hättest. Eine düstre Ahnung befängt mich.
Ich denke daran, was dich von der Wartburg forttrieb,
und wie du wieder hier erschienen bist. Es kann dir
nun manches gelingen—vielleicht geht der schöne
Hoffnungsstern, zu dem ich bis jetzt empor blickte,
auf ewig für mich unter,—doch Heinrich!—hier!—
fasse meine Hand, nie kann irgend ein Groll gegen
dich in meiner Seele Raum finden!—Alles Glücks
unerachtet, das dich überströmt, findest du dich vielleicht einmal plötzlich an dem Rande eines tiefen
bodenlosen Abgrundes und die Wirbel des Schwindels
erfassen dich und du willst rettungslos hinabstürzen,
dann stehe ich festen Muthes hinter dir und halte dich
fest mit starken Armen."

Heinrich von Ofterdingen hatte alles, was Wolfframb von Eschinbach sprach, in tiefem Schweigen
angehört. Jetzt verhüllte er sein Gesicht im Mantel
und sprang schnell hinein in das Dickicht der Bäume.
Wolfframb hörte, wie er leise schluchzend und seuf-
zend sich entfernte.

DER KRIEG VON WARTBURG

So sehr die andern Meister anfangs die Lieder des
stolzen Heinrichs von Ofterdingen bewundert und hoch
erhoben hatten, so geschah es doch, dass sie bald von

falschen Weisen, von dem eitlen Prunk, ja von der
Ruchlosigkeit der Lieder zu sprechen begannen, die
Heinrich vorbringe. Nur die Dame Mathilde hatte
sich mit ganzer Seele zu dem Sänger gewendet, der
ihre Schönheit und Anmuth auf eine Weise pries, die
alle Meister, Wolfframb von Eschinbach, der sich kein
Urtheil erlaubte, ausgenommen, für heidnisch und
abscheulich erklärten. Nicht lange währte es, so war
die Dame Mathilde in ihrem Wesen ganz und gar
verändert. Mit höhnendem Stolz sah sie herab auf
die andern Meister, und selbst dem armen Wolfframb
von Eschinbach hatte sie ihre Gunst entzogen. Es
kam so weit, dass Heinrich von Ofterdingen die
Mathilde unterrichten musste in der Kunst des
Gesanges, und sie selbst begann Lieder zu dichten,
die gerade so klingen sollten, wie die, welche Ofterdingen sang. Seit dieser Zeit war es aber, als schwände
von der berückten Frau alle Anmuth und Holdseligkeit. Alles vernachlässigend, was zur Zierde holder
Frauen dient, sich alles weiblichen Wesens entschla-
gend, wurde sie zum unheimlichen Zwitterwesen,
von den Frauen gehasst, von den Männern verlacht.
Der Landgraf, befürchtend, dass der Wahnsinn der
Gräfin wie eine böse Krankheit die andern Damen des
Hofes ergreifen könne, erliess einen scharfen Befehl,
dass keine Dame bei Strafe der Verbannung sich an
das Dichten machen solle, wofür ihm die Männer,
denen Mathildens Schicksal Schrecken eingejagt, herzlich dankten. Die Gräfin Mathilde verliess die Wartburg und bezog ein Schloss unfern Eisenach, wohin
ihr Heinrich von Ofterdingen gefolgt wäre, hätte der
Landgraf ihm nicht befohlen, noch den Kampf aus-
zufechten, den ihm die Meister geboten. „Ihr habt,‟

sprach Landgraf Hermann zu dem übermüthigen
Sänger, „Ihr habt durch Eure seltsame unheimliche
Weise den schönen Kreis, den ich hier versammelt,
gar hässlich gestört. Mich konntet Ihr niemals bethören, denn von dem ersten Augenblick an habe ich
es erkannt, dass Eure Lieder nicht aus der Tiefe eines
wackern Sängergemüths kommen, sondern nur die
Frucht der Lehren irgend eines falschen Meisters sind.
Was hilft aller Prunk, aller Schimmer, aller Glanz,
wenn er nur dazu dienen soll, einen todten Leichnam
zu umhüllen. Ihr sprecht von hohen Dingen, von den
Geheimnissen der Natur, aber nicht wie sie, süsse
Ahnungen des höhern Lebens, in der Brust des Menschen aufgehen, sondern wie sie der kecke Astrolog
begreifen und messen will mit Zirkel und Massstab.
Schämt Euch, Heinrich von Ofterdingen, dass Ihr so
geworden seid, dass Euer wackrer Geist sich gebeugt
hat unter die Zucht eines unwürdigen Meisters."

„Ich weiss nicht," erwiederte Heinrich von Ofterdingen, „ich weiss nicht, mein hoher Herr, in wiefern
ich Euern Zorn, Eure Vorwürfe verdiene. Vielleicht
ändert Ihr indessen Eure Meinung, wenn Ihr erfahrt,
welcher Meister mir dasjenige Reich des Gesanges,
welches dessen eigentlichste Heimath ist, erschlossen.
In tiefer Schwermuth hatte ich Euern Hof verlassen,
und wohl mocht' es sein, dass der Schmerz, der mich
vernichten wollte, nur das gewaltsame Treiben war
der schönen Blüte, die in meinem Innern verschlossen
nach dem befruchtenden Athem der höheren Natur
schmachtete. Auf seltsame Weise kam mir ein Büchlein in die Hände, in welchem der höchste Meister des
Gesanges auf Erden mit der tiefsten Gelehrsamkeit
die Regeln der Kunst entwickelt und selbst einige

Lieder hinzugefügt hatte. Je mehr ich nun in diesem
Büchlein las, desto klarer wurde es mir, dass es wohl
gar dürftig ausfalle, wenn der Sänger nur vermöge,
das in Worte zu fassen, was er nun gerade im Herzen
zu empfinden glaubt. Doch dies nicht genug—ich
fühlte nach und nach mich wie verknüpft mit unbekannten Mächten, die oft statt meiner aus mir
heraus sangen und doch war und blieb ich der Sänger.
Meine Sehnsucht, den Meister selbst zu schauen und
aus seinem eignen Munde die tiefe Weisheit, den rich-
tenden Verstand ausströmen zu hören, wurde zum
unwiderstehlichen Triebe. Ich machte mich auf, und
wanderte nach Siebenbürgen. Ja!—vernehmt es, mein
hoher Herr! Meister Klingsohr selbst ist es, den ich
aufsuchte und dem ich den kühnen überirdischen
Schwung meiner Lieder verdanke. Nun werdet Ihr
wohl von meinen Bestrebungen günstiger urtheilen."

„Der Herzog von Oesterreich," sprach der Landgraf, „hat mir gar viel von dem Lobe Eures Meisters
gesagt und geschrieben. Meister Klingsohr ist ein in
tiefen geheimen Wissenschaften erfahrener Mann. Er
berechnet den Lauf der Gestirne und erkennt die
wunderbaren Verschlingungen ihres Ganges mit unserer Lebensbahn. Ihm sind die Geheimnisse der
Metalle, der Pflanzen, des Gesteins offenbar, und
dabei ist er erfahren in den Händeln der Welt, und
steht dem Herzog von Oesterreich zur Seite mit Rath
und That. Wie das Alles nun aber mit dem reinen
Gemüth des wahren Sängers bestehen mag, weiss ich
nicht und glaube auch wohl, dass eben deshalb
Meister Klingsohrs Lieder, so künstlich und wohl
ausgedacht, so schön geformt sie auch sein mögen,
mein Gemüth ganz und gar nicht rühren können.—

Nun, Heinrich von Ofterdingen, meine Meister, beinahe erzürnt über Dein stolzes hochfahrendes Wesen,
wollen mit Dir um den Preis singen einige Tage hindurch, das mag denn nun geschehen."

Der Kampf der Meister begann. Sei es aber nun,
dass Heinrichs, durch falsche Lehren irre gewordener
Geist, sich gar nicht mehr zu fassen vermochte in dem
reinen Strahl des wahrhaftigen Gemüths, oder dass
besondere Begeisterung die Kraft der andern Meister
verdoppelte:—genug!—jeder, wider Ofterdingen singend, jeder ihn besiegend, erhielt den Preis, um den
dieser sich vergebens mühte. Ofterdingen ergrimmte
über diese Schmach und begann nun Lieder, die, mit
verhöhnenden Anspielungen auf den Landgrafen
Hermann, den Herzog von Oesterreich Leopold den
Siebenten bis über die Sterne erhoben und ihn die
hellfunkelnde Sonne nannten, welche allein aller
Kunst aufgegangen. Kam nun noch hinzu, dass er
eben so die Frauen am Hofe mit schnöden Worten
angriff und die Schönheit und Holdseligkeit der Dame
Mathilde allein auf heidnische ruchlose Art zu preisen
fortfuhr, so konnt' es nicht fehlen, dass alle Meister,
selbst den sanften Wolfframb von Eschinbach nicht
ausgenommen, in gerechten Zorn geriethen und in
den heftigsten schonungslosesten Liedern seine
Meisterschaft zu Boden traten. Heinrich Schreiber
und Johannes Bitterolff bewiesen, den falschen Prunk
von Ofterdingens Liedern abstreifend, die Elendigkeit
der magern Gestalt, die sich dahinter verborgen, aber
Walther von der Vogelweid und Reinhard von Zwekhstein gingen weiter. Die sagten, Ofterdingens schnödes
Beginnen verdiene schwere Rache und die wollten sie
an ihm nehmen, mit dem Schwerte in der Hand.

So sah nun Heinrich von Ofterdingen seine Meisterschaft in den Staub getreten und selbst sein Leben
bedroht. Voller Wuth und Verzweiflung rief er den
edelgesinnten Landgrafen Hermann an, sein Leben zu
schützen, ja noch mehr, die Entscheidung des Streites
über die Meisterschaft des Gesanges dem berühm-
testen Sänger der Zeit, dem Meister Klingsohr zu
überlassen. „Es ist," sprach der Landgraf, „es ist
nunmehr mit Euch und den Meistern so weit gekommen, dass es noch um anderes gilt als um die
Meisterschaft des Gesanges. Ihr habt in Euern wahn-
sinnigen Liedern mich, Ihr habt die holden Frauen
an meinem Hofe schwer beleidigt. Euer Kampf betrifft also nicht mehr die Meisterschaft allein, sondern
auch meine Ehre, die Ehre der Damen. Doch soll
alles im Wettsingen ausgemacht werden und ich
gestatte es, dass Euer Meister Klingsohr selbst entscheide. Einer von meinen Meistern, das Los soll ihn
nennen, stellt sich Euch gegenüber und die Materie,
worüber zu singen, möget Ihr beide dann selbst
wählen.—Aber der Henker soll mit entblösstem
Schwerte hinter Euch stehen und wer verliert, werde
augenblicklich hingerichtet.—Gehet,—schaffet, dass
Meister Klingsohr binnen Jahresfrist nach der Wartburg komme und den Kampf auf Tod und Leben
entscheide."—Heinrich von Ofterdingen machte sich
davon und so war zur Zeit die Ruhe auf der Wartburg
wieder hergestellt.

Die Lieder, welche die Meister wider Heinrich von
Ofterdingen gesungen, waren damals der Krieg von
Wartburg geheissen.

MEISTER KLINGSOHR KOMMT NACH EISENACH

Beinahe ein Jahr war verflossen, als die Nachricht nach der Wartburg kam, dass Meister Klingsohr wirklich in Eisenach angelangt und bei dem Bürger, Helgrefe geheissen, vor dem St. Georgenthore eingezogen sei. Die Meister freuten sich nicht wenig, dass nun wirklich der böse Streit mit Heinrich von Ofterdingen geschlichtet werden solle, keiner war aber so voller Ungeduld, den weltberühmten Mann von Angesicht zu Angesicht zu schauen, als Wolfframb von Eschinbach. Mag es sein, sprach er zu sich selbst, mag es sein, dass, wie die Leute sagen, Klingsohr bösen Künsten ergeben ist, dass unheimliche Mächte ihm zu Gebote stehen, ja ihm wohl gar geholfen zur Meisterschaft in allem Wissen; aber wächst nicht der edelste Wein auf der verglühten Lava? Was geht es den dürstenden Wandrer an, dass die Trauben, an denen er sich erlabt, aus der Glut der Hölle selbst emporgekeimt sind? So will ich mich an des Meisters tiefer Wissenschaft und Lehre erfreuen, ohne weiter zu forschen und ohne mehr davon zu bewahren, als was ein reines frommes Gemüth in sich zu tragen vermag.

Wolfframb machte sich alsbald auf nach Eisenach. Als er vor das Haus des Bürgers Helgrefe kam, fand er einen Haufen Leute versammelt, die alle sehnsüchtig nach dem Erker hinaufblickten. Er erkannte unter ihnen viele junge Leute als Schüler des Gesanges, die hörten nicht auf, dieses, jenes, von dem berühmten Meister vorzubringen. Der eine hatte die Worte aufgeschrieben, die Klingsohr gesprochen, als er zu Helgrefe eingetreten, der andere wusste genau, was

der Meister zu Mittag gespeiset, der dritte behauptete,
dass ihn der Meister wirklich angeblickt und gelächelt,
weil er ihn als Sänger erkannt am Barett, das er genau
so trage wie Klingsohr, der vierte fing sogar ein Lied
an, von dem er behauptete, es sei nach Klingsohrs
Weise gedichtet. Genug es war ein unruhiges Treiben
hin und her. Wolfframb von Eschinbach drang endlich mit Mühe durch und trat ins Haus. Helgrefe
hiess ihn freundlich willkommen und lief herauf, um
ihn seinem Begehren gemäss bei dem Meister melden
zu lassen. Da hiess es aber, der Meister sei im Stu-
diren begriffen und könne jetzt mit niemanden
sprechen. In zwei Stunden solle man wiederum
anfragen. Wolfframb musste sich diesen Aufschub
gefallen lassen. Nachdem er nach zwei Stunden
wieder gekommen und noch eine Stunde gewartet,
durfte Helgrefe ihn hinaufführen. Ein seltsam in
bunter Seide gekleideter Diener öffnete die Thüre des
Gemachs, und Wolfframb trat hinein. Da gewahrte
er einen grossen stattlichen Mann, in einen langen
Talar von dunkelrothem Sammt mit weiten Ermeln,
und mit Zobel reich besetzt, gekleidet, der mit lang-
samen gravitätischen Schritten die Stube entlang hin
und her wandelte. Sein Gesicht war beinahe anzusehen, wie die heidnischen Bildner ihren Gott Jupiter
darzustellen pflegten, solch ein gebieterischer Ernst
lag auf der Stirne, solch drohende Flammen blitzten
aus den grossen Augen. Um Kinn und Wangen legte
sich ein wohlgekräuselter schwarzer Bart und das
Haupt bedeckte ein fremdgeformtes Barett oder ein
sonderbar verschlungenes Tuch, man konnte das nicht
unterscheiden. Der Meister hatte die Arme vor der
Brust übereinander geschlagen und sprach mit hell-

klingender Stimme im Auf- und Abschreiten Worte,
die Wolfframb gar nicht verstand. Sich im Zimmer
umschauend, das mit Büchern und allerlei wunder-
lichen Geräthschaften angefüllt war, erblickte Wolfframb in einer Ecke ein kleines kaum drei Fuss hohes
altes blasses Männlein, das auf einem hohen Stuhl vor
einem Pulte sass und mit einer silbernen Feder auf
einem grossen Pergamentblatt emsig alles aufzuschreiben schien, was Meister Klingsohr sprach. Es
hatte eine feine Weile gedauert, da fielen endlich des
Meisters starre Blicke auf Wolfframb von Eschinbach
und mit dem Sprechen inne haltend, blieb er in der
Mitte des Zimmers stehen. Wolfframb begrüsste den
Meister nun mit anmuthigen Versen im schwarzen
Ton. Er sagte, wie er gekommen sei, um sich zu
erbauen an Klingsohrs hoher Meisterkunst, und bat,
er solle nun ihm antworten im gleichen Ton und so
seine Kunst hören lassen. Da mass ihn der Meister
mit zornigen Blicken von Kopf bis zu Fuss und sprach
dann: „Ei, wer seid Ihr denn, junger Gesell! dass Ihr
es wagt, hier so mit Euren albernen Versen herein-
zubrechen und mich sogar herauszufordern, als sollt'
es ein Wettsingen gelten? Ha! Ihr seid ja wohl
Wolfframb von Eschinbach, der allerungeschickteste,
ungelehrteste Laie von allen, die sich dort oben auf
der Wartburg Meister des Gesanges nennen?—Nein,
mein lieber Knabe, Ihr müsst wohl noch etwas
wachsen, ehe Ihr Euch mit mir zu messen Verlangen
tragen könnt." Einen solchen Empfang hatte Wolfframb von Eschinbach gar nicht erwartet. Das Blut
wallte ihm auf vor Klingsohrs schnöden Worten, er
fühlte lebhafter als jemals die ihm innewohnende
Kraft, die ihm die Macht des Himmels verliehen.

Ernst und fest blickte er dem stolzen Meister ins Auge,
und sprach dann: „Ihr thut gar nicht gut, Meister
Klingsohr, dass Ihr in solchen bittern, harten Ton
fallet, statt mir liebreich und freundlich, wie ich Euch
begrüsste, zu antworten. Ich weiss es, dass Ihr mir
in aller Wissenschaft und wohl auch in der Kunst des
Gesanges weit überlegen seid, aber das berechtigt
Euch nicht zu der eitlen Prahlerei, die Ihr als Eurer
unwürdig verachten müsstet. Ich sage es Euch frei
heraus, Meister Klingsohr! dass ich nunmehr das
glaube, was die Welt von Euch behauptet. Die Macht
der Hölle sollt Ihr bezwingen, Umgang mit bösen
Geistern sollt Ihr haben, mittelst der unheimlichen
Wissenschaften, die Ihr getrieben. Daher soll Eure
Meisterschaft kommen, weil Ihr aus der Tiefe die
schwarzen Geister ins helle Leben herauf beschworen,
vor denen sich der menschliche Geist entsetzt. Und
so ist es nur dieses Entsetzen, was Euch den Sieg
verschafft, und nicht die tiefe Rührung der Liebe,
welche aus dem reinen Gemüth des Sängers strömt
in das verwandte Herz, das in süssen Banden gefangen,
ihm unterthan wird. Daher seid Ihr so stolz, wie kein
Sänger es sein kann, der reinen Herzens geblieben.‘‘
„Hoho!‘‘ erwiederte Meister Klingsohr, „hoho!
junger Gesell, versteigt Euch nicht so hoch!—Was
meinen Umgang mit unheimlichen Mächten betrifft,
davon schweigt, das versteht Ihr nicht. Dass ich daher
meine Meisterschaft des Gesanges dem zu verdanken
haben soll, das ist das abgeschmackte Gewäsch einfälti-
ger Kinder. Aber sagt mir doch, woher Euch die Kunst
des Gesanges gekommen? Glaubt Ihr, dass ich nicht
wüsste, wie zu Siegebrunnen in Schottland Meister
Friedebrand Euch einige Bücher borgte, die Ihr un-

dankbar nicht zurückgabt, sondern an Euch behieltet,
alle Eure Lieder daraus schöpfend? Hei!—hat mir
der Teufel geholfen, so half Euch Euer undankbares
Herz." Wolfframb erschrak beinahe vor diesem häss-
lichen Vorwurf. Er legte die Hand auf die Brust und
sprach: „So wahr mir Gott helfe!—Der Geist der
Lüge ist mächtig in Euch, Meister Klingsohr—wie
hätte ich denn meinen hohen Meister Friedebrand so
schändlich betrügen sollen um seine herrlichen Schriften. Wisst, Meister Klingsohr, dass ich diese Schriften
nur so lange, wie Friedebrand es wollte, in Händen
hielt, dass er sie dann von mir wieder nahm. Habt Ihr
denn nie Euch aus den Schriften anderer Meister
belehrt?" „Mag," fuhr Meister Klingsohr fort, ohne
auf Wolfframbs Rede sonderlich zu achten, „mag dem
sein wie ihm wolle, woher möget Ihr denn nun Eure
Kunst haben? Was berechtigt Euch, sich mir gleich
zu stellen? Wisst Ihr nicht, wie ich zu Rom, zu Paris,
zu Krakau den Studien fleissig obgelegen, wie ich
selbst nach den fernsten Morgenländern gereiset und
die Geheimnisse der weisen Araber erforscht, wie ich
dann auf allen Singschulen das Beste gethan und wider
alle, die in den Streit mit mir gegangen, den Preis
errungen, wie ich ein Meister der sieben freien Künste
worden?—Aber Ihr, der Ihr, entfernt von aller Wissenschaft und Kunst, in dem öden Schweizerlande
gehauset, der Ihr ein in aller Schrift unerfahrner Laie
geblieben, wie solltet Ihr denn zur Kunst des wahren
Gesanges kommen?" Wolfframbs Zorn hatte sich
indessen ganz gelegt, welches wohl daher rühren
mochte, dass bei Klingsohrs prahlerischen Reden die
köstliche Gabe des Gesanges in seinem Innern heller
und freudiger hervorleuchtete, wie die Sonnenstrahlen

schöner funkeln, wenn sie siegend durch die düstern
Wolken brechen, die der wilde Sturm herangejagt.
Ein mildes anmuthiges Lächeln hatte sich über sein
ganzes Antlitz gelegt, und er sprach mit ruhigem,
gefassten Ton zu dem zornigen Meister Klingsohr:
„Ei, mein lieber Meister, wohl könnt' ich Euch ent-
gegnen, dass, hab' ich gleich nicht zu Rom und Paris
studirt, suchte ich gleich nicht die weisen Araber auf,
in ihrer eignen Heimath, ich doch nächst meinem
hohen Meister Friedebrand, dem ich nachzog bis ins
tiefe Schottland, noch viele gar kunstreiche Sänger
vernahm, deren Unterricht mir vielen Nutzen brachte,
dass ich an vielen Höfen unserer hohen deutschen
Fürsten gleich Euch den Preis des Gesanges gewann.
Ich meine aber, dass wohl aller Unterricht, alles Ver-
nehmen der höchsten Meister mir gar nichts geholfen
haben würde, wenn die ewige Macht des Himmels
nicht den Funken in mein Innres gelegt hätte, der in
den schönen Strahlen des Gesanges aufgeglommen,
wenn ich nicht mit liebendem Gemüth alles Falsche
und Böse von mir fern gehalten und noch hielte, wenn
ich nicht mich mühte in reiner Begeisterung, nur das
zu singen, was meine Brust mit freudiger, süsser
Wehmuth ganz und gar erfüllt."
    Selbst musste Wolfframb von Eschinbach nicht wie
es geschah, dass er ein herrliches Lied im güldnen
Ton begann, das er erst vor Kurzem gedichtet.
    Meister Klingsohr ging voller Wuth auf und ab;
dann blieb er vor Wolfframb stehen und blickte ihn
an, als wolle er ihn durchbohren mit seinen starren,
glühenden Augen. Als Wolfframb geendet, legte
Klingsohr beide Hände auf Wolfframbs Schultern und
sprach sanft und gelassen: „Nun, Wolfframb, weil

Ihr es denn nicht anders wollt, so lasst uns um die
Wette singen, in allerlei künstlichen Tönen und
Weisen. Doch lasst uns anderswohin gehen, das
Gemach taugt zu dergleichen nicht und Ihr sollt über-
dem einen Becher edlen Weins mit mir geniessen."
    In dem Augenblick stürzte das kleine Männlein,
das erst geschrieben, hinab von dem Stuhle und gab
bei dem harten Fall auf den Boden einen feinen äch-
zenden Laut von sich. Klingsohr drehte sich rasch
um und stiess mit dem Fusse den Kleinen in den
unter dem Pulte befindlichen Schrank, den er verschloss. Wolfframb hörte das Männlein leise weinen
und schluchzen. Nun schlug Klingsohr die Bücher
zu, welche ringsumher offen herumlagen und jedes-
mal, wenn ein Deckel niederklappte, ging ein seltsamer schauerlicher Ton, wie ein tiefer Todesseufzer,
durch die Zimmer. Wunderliche Wurzeln nahm nun
Klingsohr in die Hand, die in dem Augenblick anzusehen waren wie fremde unheimliche Creaturen und
mit den Faden und Aesten zappelten, wie mit Armen
und Beinen, ja oft zuckte ein kleines verzerrtes Men-
schengesichtlein hervor, das auf hässliche Weise grinzte
und lachte. Und dabei wurd' es in den Schränken
ringsumher unruhig und ein grosser Vogel schwirrte
in irrem Fluge umher, mit goldgleissendem Fittig.
Die tiefe Abenddämmerung war eingebrochen, Wolfframb fühlte sich von tiefem Grauen erfasst. Da nahm
Klingsohr aus einer Kapsel einen Stein hervor, der
sogleich im ganzen Gemach den hellsten Sonnenglanz
verbreitete. Alles wurde still und Wolfframb sah und
hörte nichts mehr von dem, was ihm erst Entsetzen
erregt.
    Zwei Diener, so seltsamlich in bunter Seide geklei-

det, wie der, welcher erst die Thüre des Gemachs geöffnet, traten hinein, mit prächtigen Kleidern, die sie dem Meister Klingsohr anlegten.

Beide, Meister Klingsohr und Wolfframb von Eschinbach, gingen nun zusammen nach dem Rathskeller.

Sie hatten auf Versöhnung und Freundschaft getrunken und sangen nun wider einander in den verschiedensten künstlichsten Weisen. Kein Meister war zugegen, der hätte entscheiden können, wer den andern besieget, aber jeder würde den Klingsohr für überwunden gehalten haben, denn so sehr er sich in grosser Kunst, in mächtigem Verstande mühte, niemals konnte er nur im mindesten die Stärke und Anmuth der einfachen Lieder erreichen, welche Wolfframb von Eschinbach vorbrachte.

Wolfframb hatte eben ein gar herrliches Lied geendet, als Meister Klingsohr zurückgelehnt in den Polsterstuhl, den Blick niedergeschlagen, mit gedämpfter düstrer Stimme sprach: „Ihr habt mich vorhin übermüthig und prahlerisch genannt, Meister Wolfframb, aber sehr würdet Ihr irren, wenn Ihr etwa glaubtet, dass mein Blick, verblendet durch einfältige Eitelkeit, nicht sollte die wahre Kunst des Gesanges erkennen können, ich möge sie nun antreffen in der Wildniss, oder in dem Meistersaal. Keiner ist hier, der zwischen uns richten könnte, aber ich sage Euch, Ihr habt mich überwunden, Meister Wolfframb, und dass ich Euch das sage, daran möget Ihr auch die Wahrhaftigkeit meiner Kunst erkennen." „Ei, mein lieber Meister Klingsohr," erwiederte Wolfframb von Eschinbach, „wohl mocht' es sein, dass eine besondere Freudigkeit, die in meiner Brust aufgegangen, meine

Lieder mir heute besser gelingen liess, als sonst, aber
ferne sei es von mir, dass ich mich deshalb über Euch
stellen sollte. Vielleicht war heute Euer Inneres verschlossen. Pflegt es denn nicht zu geschehen, dass
manchmal eine drückende Last auf einem ruht, wie
ein düstrer Nebel auf heller Wiese, vor dem die
Blumen nicht vermögen, ihre glänzenden Häupter zu
erheben. Aber erklärt Ihr Euch heute auch für überwunden, so habe ich doch in Euern schönen Liedern
gar herrliches vernommen und es kann sein, dass
morgen Ihr den Sieg erringet."

Meister Klingsohr sprach: „Wozu hilft Euch Eure
fromme Bescheidenheit!" sprang dann schnell vom
Stuhle auf, stellte sich, den Rücken Wolfframb zu-
gekehrt, unter das hohe Fenster und schaute schweigend in die bleichen Mondesstrahlen, die aus der
Höhe hinabfielen.

Das hatte wohl einige Minuten gedauert, da drehte
er sich um, ging auf Wolfframb los und sprach, indem
ihm die Augen vor Zorn funkelten, mit starker
Stimme: „Ihr habt Recht, Wolfframb von Eschinbach, über finstre Mächte gebietet meine Wissenschaft,
unser inneres Wesen muss uns entzweien. Mich habt
Ihr überwunden, aber in der Nacht, die dieser folgt,
will ich Euch einen schicken, der Nasias geheissen.
Mit dem beginnt ein Wettsingen und seht Euch vor,
dass der Euch nicht überwinde."

Damit stürmte Meister Klingsohr fort zur Thüre
des Rathskellers hinaus.

NASIAS KOMMT IN DER NACHT ZU WOLFFRAMB VON ESCHINBACH

Wolfframb wohnte in Eisenach dem Brothause gegenüber, bei einem Bürger, Gottschalk geheissen. Das war ein freundlicher frommer Mann, der seinen Gast hoch in Ehren hielt. Es mochte wohl sein, dass, unerachtet Klingsohr und Eschinbach auf dem Rathskeller sich einsam und unbelauscht geglaubt, doch manche, vielleicht von jenen jungen Schülern des Gesanges, die dem berühmten Meister auf Schritt und Tritt folgten und jedes Wort, das von seinen Lippen kam, zu erhaschen suchten, Mittel gefunden hatten, das Wettsingen der Meister zu erhorchen. Durch ganz Eisenach war das Gerücht gedrungen, wie Wolfframb von Eschinbach den grossen Meister Klingsohr im Gesange besieget, und so hatte auch Gottschalk es erfahren. Voller Freude lief er herauf zu seinem Gast und fragte, wie das nur habe geschehen können, dass sich der stolze Meister auf dem Rathskeller in ein Wettsingen eingelassen? Wolfframb erzählte getreulich, wie sich alles begeben und verschwieg nicht, wie Meister Klingsohr gedroht, ihm in der Nacht einen auf den Hals zu schicken, der Nasias geheissen und mit dem er um die Wette singen solle. Da erblasste Gottschalk vor Schreck, schlug die Hände zusammen und rief mit wehmüthiger Stimme: „Ach du Gott im Himmel, wisst Ihr's denn nicht, lieber Herr, dass es Meister Klingsohr mit bösen Geistern zu thun hat, die ihm unterthan sind und seinen Willen thun müssen. Helgrefe, bei dem Meister Klingsohr Wohnung genommen, hat seinen Nachbarsleuten die wunderlichsten Dinge von seinem Treiben erzählt. Zur Nachtzeit

soll es oft sein, als wäre eine grosse Gesellschaft
versammelt, obschon man niemand ins Haus gehen
sehen, und dann beginne ein seltsames Singen und
tolles Wirthschaften und blendendes Licht strahle
durch die Fenster! Ach, vielleicht ist dieser Nasias,
mit dem er Euch bedroht, der böse Feind selbst, der
Euch ins Verderben stürzen wird!—Zieht fort, lieber
Herr, wartet den bedrohlichen Besuch nicht ab; ja ich
beschwöre Euch: zieht fort."—,,Ei," erwiederte
Wolfframb von Eschinbach, ,,ei, lieber Hauswirth
Gottschalk, wie sollt' ich denn scheu dem mir gebote-
nen Wettsingen ausweichen, das wäre ja gar nicht
Meistersängers Art. Mag nun Nasias ein böser Geist
sein oder nicht, ich erwarte ihn ruhig. Vielleicht über-
tönt er mich mit allerlei Acherontischen Liedern, aber
vergebens wird er versuchen, meinen frommen Sinn
zu bethören und meiner unsterblichen Seele zu scha-
den." ,,Ich weiss es schon," sprach Gottschalk, ,,ich
weiss es schon, Ihr seid ein gar muthiger Herr, der
eben den Teufel selbst nicht fürchtet. Wollt Ihr denn
nun durchaus hier bleiben, so erlaubt wenigstens, dass
künftige Nacht mein Knecht Jonas bei Euch bleibe.
Das ist ein tüchtiger frommer Mensch mit breiten
Schultern, dem das Singen durchaus nicht schadet.
Solltet Ihr nun etwa vor dem Teufelsgeplerre schwach
und ohnmächtig werden, und Nasias Euch was an-
haben wollen, so soll Jonas ein Geschrei erheben und
wir rücken dann an mit Weihwasser und geweihten
Kerzen. Auch soll der Teufel den Geruch von Bisam
nicht vertragen können, den in einem Säckchen ein
Capuziner auf der Brust getragen. Den will ich eben-
falls in Bereitschaft halten, und sobald Jonas geschrien,
dermassen räuchern, dass dem Meister Nasias im

Singen der Athem vergehn soll." Wolfframb von
Eschinbach lächelte über seines Hauswirths gut-
müthige Besorglichkeit, und meinte, er sei nun einmal
auf Alles gefasst und wolle es schon mit dem Nasias
aufnehmen. Jonas, der fromme Mensch mit breiten
Schultern und gewappnet gegen alles Singen möge
aber immerhin bei ihm bleiben. Die verhängnissvolle
Nacht war hereingebrochen. Noch blieb alles still.
Da schwirrten und dröhnten die Gewichte der Kirch-
uhr, es schlug zwölfe. Ein Windstoss brauste durch
das Haus, hässliche Stimmen heulten durcheinander
und ein wildes krächzendes Angstgeschrei, wie von
verscheuchten Nachtvögeln, fuhr auf. Wolfframb von
Eschinbach hatte allerlei schönen frommen Dichter-
gedanken Raum gegeben und des bösen Besuchs beinahe vergessen. Jetzt rannen doch Eisschauer durch
sein Innres, er fasste sich aber mit Macht zusammen
und trat in die Mitte des Gemachs. Mit einem gewaltigen Schlage, von dem das ganze Haus erdröhnte,
sprang die Thüre auf und eine grosse, von rothem
Feuerglanze umflossene Gestalt, stand vor ihm und
schaute ihn an mit glühenden, tückischen Augen. Die
Gestalt war von solch greulichem Ansehen, dass wohl
manchem andern aller Muth entflohen, ja dass er, von
wildem Entsetzen erfasst, zu Boden gesunken, doch
Wolfframb hielt sich aufrecht und fragte mit ernstem,
nachdrücklichen Ton: „Was habt Ihr des Orts zu
thun oder zu suchen?" Da rief die Gestalt mit widrig
gellender Stimme: „Ich bin Nasias und gekommen,
mit Euch zu gehen in den Kampf der Sängerkunst."
Nasias schlug den grossen Mantel auseinander und
Wolfframb gewahrte, dass er unter den Armen eine
Menge Bücher trug, die er nun auf den Tisch fallen

liess, der ihm zur Seite stand. Nasias fing auch alsbald
ein wunderliches Lied an, von den sieben Planeten
und von der himmlischen Sphären Musik, wie sie in
dem Traum des Scipio beschrieben, und wechselte
mit den künstlichsten seltsamsten Weisen. Wolfframb
hatte sich in seinen grossen Polsterstuhl gesetzt, und
hörte ruhig mit niedergeschlagenen Blicken alles an,
was Nasias vorbrachte. Als der nun sein Lied endlich
geschlossen, begann Eschinbach eine schöne fromme
Weise, von geistlichen Dingen. Da sprang Nasias hin
und her und wollte dazwischen plerren und mit den
schweren Büchern, die er mitgebracht, nach dem
Sänger werfen, aber je heller und mächtiger Wolfframbs Lied wurde, desto mehr verblasste Nasias
Feuerglanz, desto mehr schrumpfte seine Gestalt zusammen, so dass er zuletzt eine Spanne lang mit seinem
rothen Mäntelchen und der dicken Halskrause an den
Schränken auf- und abkletterte, widrig quäkend und
miauend. Wolfframb, nachdem er geendet, wollte ihn
ergreifen, da schoss er aber plötzlich auf, so hoch wie
er zuvor gewesen, und hauchte zischende Feuer-
flammen um sich her. „Hei, hei!" rief Nasias dann
mit hohler entsetzlicher Stimme, „hei, hei! spasse
nicht mit mir, Geselle!—Ein guter Theologe magst du
sein und dich wohl verstehen auf die Spitzfündig-
keiten und Lehren Eures dicken Buchs, aber darum
bist du noch kein Sänger, der sich messen kann mit
mir und meinem Meister. Lasst uns ein schönes
Liebeslied singen und du magst dich dann vorsehen
mit deiner Meisterschaft." Nasias begann nun ein
Lied von der schönen Helena und von den über-
schwenglichen Freuden des Venusberges. In der
That klang das Lied gar verlockend und es war als

wenn die Flammen, die Nasias um sich sprühte, zu
lüsterne Begierde und Liebeslust athmenden Düften
würden, in denen die süssen Töne auf und nieder
wogten, wie gaukelnde Liebesgötter. So wie die
vorigen Lieder, hörte Wolfframb auch dieses ruhig
mit niedergesenktem Blicke an. Aber bald war es ihm
als wandle er in den düstern Gängen eines lieblichen
Gartens und die holden Töne einer herrlichen Musik
schlüpften über die Blumenbeete hin und brächen wie
flimmerndes Morgenroth durch das dunkle Laub, und
das Lied des Bösen versinke in Nacht vor ihnen, wie
der scheue Nachtvogel sich krächzend hinabstürzt in
die tiefe Schlucht vor dem siegenden Tage. Und als
die Töne heller und heller strahlten, bebte ihm die
Brust vor süsser Ahnung und unaussprechlicher Sehnsucht. Da trat sie, sein einziges Leben, in vollem
Glanz aller Schönheit und Holdseligkeit hervor aus
dem dichten Gebüsch, und in tausend Liebesseufzern
die herrlichste Frau grüssend, rauschten die Blätter und
plätscherten die blanken Springbrunnen. Wie auf den
Fittigen eines schönen Schwans, schwebte sie daher
auf den Flügeln des Gesanges, und so wie ihr Himmelsblick ihn traf, war alle Seligkeit der reinsten, frömmsten Liebe entzündet in seinem Innern. Vergebens
rang er nach Worten, nach Tönen. So wie sie verschwunden, warf er sich voll des seligsten Entzückens
hin auf den bunten Rasen. Er rief ihren Namen in die
Lüfte hinein, er umschlang in heisser Sehnsucht die
hohen Lilien, er küsste die Rosen auf den glühenden
Mund und alle Blumen verstanden sein Glück und
der Morgenwind, die Quellen, die Büsche sprachen
mit ihm von der unnennbaren Lust frommer Liebe!—
So gedachte Wolfframb, während dass Nasias fort-

fuhr mit seinen eitlen Liebesliedern, jenes Augen-
blicks, als er die Dame Mathilde zum erstenmal erblickte in dem Garten auf der Wartburg, sie selbst
stand vor ihm in der Holdseligkeit und Anmuth wie
damals, sie blickte ihn an wie damals, so fromm und
liebend. Wolfframb hatte nichts vernommen von dem
Gesange des Bösen; als dieser aber nun schwieg, begann Wolfframb ein Lied, das in den herrlichsten,
gewaltigsten Tönen die Himmelsseligkeit der reinen
Liebe des frommen Sängers pries.

Unruhiger und unruhiger wurde der Böse, bis er
endlich auf garstige Weise zu meckern und herum-
zuspringen und im Gemach allerlei Unfug zu treiben
begann. Da stand Wolfframb auf von seinem Polsterstuhl und befahl dem Bösen, in Christus und der
Heiligen Namen, sich davon zu packen. Nasias,
heftige Flammen um sich sprühend, raffte seine
Bücher zusammen, und rief mit höhnischem Gelächter: „Schnib, Schnab, was bist du mehr denn ein
grober Lai, darum gieb nur Klingsohr die Meisterschaft!"—Wie der Sturm brauste er fort und ein
erstickender Schwefeldampf erfüllte das Gemach.

Wolfframb öffnete die Fenster, die frische Morgen-
luft strömte hinein und vertilgte die Spur des Bösen.
Jonas fuhr auf aus dem tiefen Schlafe, in den er ver-
sunken, und wunderte sich nicht wenig, als er vernahm, dass schon alles vorüber. Er rief seinen Herrn
herbei. Wolfframb erzählte, wie sich alles begeben
und hatte Gottschalk den edlen Wolfframb schon
zuvor hoch verehrt, so erschien er ihm jetzt wie ein
Heiliger, dessen fromme Weihe die verderblichen
Mächte der Hölle besiege. Als nun Gottschalk in dem
Gemach zufällig den Blick in die Höhe richtete, da

wurde er zu seiner Bestürzung gewahr, dass hoch über
der Thüre in feuriger Schrift die Worte standen:
Schnib, Schnab, was bist du mehr denn ein
grober Lai, darum gieb nur Klingsohr die
Meisterschaft!

So hatte der Böse im Verschwinden die letzten
Worte, die er gesprochen, hingeschrieben, wie eine
Herausforderung auf ewige Zeiten. „Keine ruhige
Stunde," rief Gottschalk, „keine ruhige Stunde kann
ich hier verleben, in meinem eignen Hause, so lange
die abscheuliche Teufelsschrift, meinen lieben Herrn
Wolfframb von Eschinbach verhöhnend, dort an der
Wand fortbrennt." Er lief auch stracks zu Maurern,
die die Schrift übertünchen sollten. Das war aber ein
eitles Mühen. Eines Fingers dick strichen sie den
Kalk über und doch kam die Schrift wieder zum
Vorschein, ja, als sie endlich den Mörtel wegschlugen,
brannte die Schrift doch wiederum hervor aus den
rothen Ziegelsteinen. Gottschalk jammerte sehr und
bat Herrn Wolfframb, er möge doch durch ein tüch-
tiges Lied den Nasias zwingen, dass er selbst die
abscheulichen Worte weglösche. Wolfframb sprach
lächelnd, dass das vielleicht nicht in seiner Macht
stehen möge, Gottschalk solle indessen nur ruhig sein,
da die Schrift, wenn er Eisenach verlasse, vielleicht
von selbst verschwinden werde.

Es war hoher Mittag, als Wolfframb von Eschinbach
frohen Muthes und voll lebendiger Heiterkeit, wie
einer, der den herrlichsten Hoffnungsschimmern ent-
gegenziehet, Eisenach verliess. Unfern der Stadt
kamen ihm in glänzenden Kleidern, auf schön ge-
schmückten Rossen, begleitet von vieler Dienerschaft,
der Graf Meinhard zu Mühlberg und der Schenk

Walther von Vargel entgegen. Wolfframb von Eschinbach begrüsste sie und erfuhr, das der Landgraf Hermann sie nach Eisenach sende, um den berühmten
Meister Klingsohr feierlich abzuholen und zu geleiten
nach der Wartburg. Klingsohr hatte zur Nachtzeit
sich auf einen hohen Erker in Helgrefens Hause begeben und mit grosser Mühe und Sorgfalt die Sterne
beobachtet. Als er nun seine astrologischen Linien
zog, bemerkten ein paar Schüler der Astrologie, die
sich zu ihm gefunden, an seinem seltsamen Blick, an
seinem ganzen Wesen, dass irgend ein wichtiges Geheimniss, welches er in den Sternen gelesen, in seiner
Seele liege. Sie trugen keine Scheu, ihn darum zu
befragen. Da stand Klingsohr auf von seinem Sitze
und sprach mit feierlicher Stimme: „Wisset, dass in
dieser Nacht dem Könige von Ungarn, Andreas dem
Zweiten, ein Töchterlein geboren wurde. Die wird
aber Elisabeth heissen und ob ihrer Frömmigkeit und
Tugend heilig gesprochen werden in künftiger Zeit
von dem Papst Gregor dem Neunten. Und die heilige
Elisabeth ist erkoren zum Weibe Ludwigs, des Sohnes
Eures Herrn Landgrafen Hermann!"
    Diese Prophezeihung wurde sogleich dem Land-
grafen hinterbracht, der darüber tief bis in das Herz
hinein erfreut war. Er änderte auch seine Gesinnung
gegen den berühmten Meister, dessen geheimnissvolle
Wissenschaft ihm einen solchen schönen Hoffnungsstern aufgehen lassen, und beschloss, ihn mit allem
Prunk, als sei er ein Fürst und hoher Herr, nach der
Wartburg geleiten zu lassen.
    Wolfframb meinte, dass nun wohl gar darüber die
Entscheidung des Sängerkampfes auf Tod und Leben
unterbleiben werde, zumal Heinrich von Ofterdingen

sich noch gar nicht gemeldet. Die Ritter versicherten
dagegen, dass der Landgraf schon Nachricht erhalten,
wie Heinrich von Ofterdingen angekommen. Der
innere Burghof werde zum Kampfplatz eingerichtet
und der Scharfrichter Stempel aus Eisenach sei auch
schon nach der Wartburg beschieden.

MEISTER KLINGSOHR VERLÄSST DIE WART-
BURG. ENTSCHEIDUNG DES DICHTER-
KAMPFS

In einem schönen hohen Gemach auf der Wartburg
sassen Landgraf Hermann und Meister Klingsohr im
traulichen Gespräch beisammen. Klingsohr versicherte
nochmals, dass er die Constellation der vorigen Nacht
in die Elisabeths Geburt getreten, ganz und gar er-
schaut und schloss mit dem Rath, dass Landgraf
Hermann sofort eine Gesandtschaft an den König von
Ungarn abschicken und für seinen eilfjährigen Sohn
Ludwig um die neugeborne Prinzessin werben lassen
solle. Dem Landgrafen gefiel dieser Rath sehr wohl,
und als er nun des Meisters Wissenschaft rühmte,
begann dieser von den Geheimnissen der Natur, von
dem Mikrokosmus und Makrokosmus so gelehrt und
herrlich zu sprechen, dass der Landgraf, selbst nicht
ganz unerfahren in dergleichen Dingen, erfüllt wurde
von der tiefsten Bewunderung. „Ei," sprach der
Landgraf, „ei, Meister Klingsohr, ich möchte be-
ständig Eures lehrreichen Umgangs geniessen. Ver-
lasst das unwirthbare Siebenbürgen und zieht an
meinen Hof, an dem, wie Ihr es einräumen werdet,
Wissenschaft und Kunst höher geachtet werden, als
irgendwo. Die Meister des Gesanges werden Euch

aufnehmen wie ihren Herrn, denn wohl möget Ihr in dieser Kunst eben so reich begabt sein, als in der Astrologie und andern tiefen Wissenschaften. Also bleibt immer hier und gedenkt nicht zurückzukehren nach Siebenbürgen." „Erlaubt," erwiederte Meister Klingsohr, „erlaubt, mein hoher Fürst, dass ich noch in dieser Stunde zurückkehren darf nach Eisenach und dann weiter nach Siebenbürgen. Nicht so unwirthbar ist das Land, als Ihr es glauben möget, und dann meinen Studien so recht gelegen. Bedenkt auch weiter, dass ich unmöglich meinem Könige Andreas dem Zweiten zu nahe treten darf, von dem ich ob meiner Bergwerkskunde, die ihm schon manchen an den edelsten Metallen reichen Schacht aufgethan, einen Jahrgehalt von dreitausend Mark Silber geniesse, und also lebe in der sorgenlosen Ruhe, die allein Kunst und Wissenschaft gedeihen lässt. Hier würde es nun, sollt' ich auch wohl jenen Jahrgehalt entbehren können, nichts als Zank und Streit geben mit Euern Meistern. Meine Kunst beruht auf andern Grundfesten, als die ihrige, und will sich nun auch dann ganz anders gestalten von innen und aussen. Mag es doch sein, dass ihr frommer Sinn und ihr reiches Gemüth (wie sie es nennen) ihnen genug ist zum Dichten ihrer Lieder, und dass sie sich wie furchtsame Kinder nicht hinauswagen wollen in ein fremdes Gebiet, ich will sie darum gar nicht eben verachten, aber mich in ihre Reihe zu stellen, das bleibt unmöglich." „So werdet Ihr," sprach der Landgraf, „doch noch dem Streit, der sich zwischen Euerm Schüler Heinrich von Ofterdingen und den andern Meistern entsponnen, als Schiedsrichter beiwohnen?" „Mit nichten," erwiederte Klingsohr, „wie könnt' ich

denn das, und wenn ich es auch könnte, so würde ich
es doch nie wollen. Ihr selbst, mein hoher Fürst,
entscheidet den Streit, indem Ihr nur die Stimme des
Volks bestätigt, die gewisslich laut werden wird.
Nennt aber Heinrich von Ofterdingen nicht meinen
Schüler. Es schien, als wenn er Muth und Kraft hätte,
aber nur an der bittern Schale nagte er, ohne die
Süssigkeit des Kerns zu schmecken!—Nun!—bestimmt getrost den Tag des Kampfs, ich werde dafür
sorgen, dass Heinrich von Ofterdingen sich pünktlich
gestelle."

Die dringendsten Bitten des Landgrafen vermochten nichts über den störrischen Meister. Er blieb bei
seinen Entschlüssen und verliess, vom Landgrafen
reichlich beschenkt, die Wartburg.

Der verhängnissvolle Tag, an dem der Kampf der
Sänger beginnen und enden sollte, war gekommen.
In dem Burghofe hatte man Schranken gebauet, beinahe als sollte es ein Turnier geben. Mitten im Kreise
befanden sich zwei schwarz behängte Sitze für die
kämpfenden Sänger, hinter denselben war ein hohes
Schaffott errichtet. Der Landgraf hatte zwei edle,
des Gesanges kundige Herren vom Hofe, eben die-
selben, die den Meister Klingsohr nach der Wartburg
geleiteten, den Grafen Meinhard zu Mühlberg und
den Schenken Walther von Vargel, zu Schiedsrichtern
erwählt. Für diese und den Landgrafen war den
Kämpfenden gegenüber ein hohes reichbehängtes
Gerüst errichtet, dem sich die Sitze der Damen und
der übrigen Zuschauer anschlossen. Nur den Meistern war, den kämpfenden Sängern und dem Schaffott
zur Seite, eine besondere schwarz behängte Bank bestimmt.

Tausende von Zuschauern hatten die Plätze gefüllt,
aus allen Fenstern der Wartburg, ja von den Dächern
guckte die neugierige Menge herab. Unter dem
dumpfen Schall gedämpfter Pauken und Trompeten
kam der Landgraf von den Schiedsrichtern begleitet
aus dem Thor der Burg und bestieg das Gerüst. Die
Meister in feierlichem Zuge, Walther von der Vogelweid an der Spitze, nahmen die für sie bestimmte
Bank ein. Auf dem Schaffott stand mit zween Knech-
ten der Scharfrichter aus Eisenach, Stempel, ein
riesenhafter Kerl von wildem trotzigen Ansehen, in
einen weiten blutrothen Mantel gewickelt, aus dessen
Falten der funkelnde Griff eines ungeheuren Schwerts
hervorblickte. Vor dem Schaffott nahm Pater Leonhard Platz, des Landgrafen Beichtiger, gesendet, um
dem Besiegten beizustehen in der Todesstunde.

Ein ahnungsbanges Schweigen, in dem jeder Seufzer
hörbar, ruhte auf der versammelten Menge. Man
erwartete mit innerm Entsetzen das Unerhörte, das
sich nun begeben sollte. Da trat, mit den Zeichen
seiner Würde angethan, des Landgrafen Marschall
Herr Franz von Waldstromer, hinein in den Kreis und
verlas nochmals die Ursache des Streits und das un-
widerrufliche Gebot des Landgrafen Hermann, nach
welchem der im Gesange besiegte hingerichtet werden
solle mit dem Schwert. Pater Leonhard erhob das
Crucifix und alle Meister, vor ihrer Bank mit ent-
blössten Häuptern knieend, schworen, sich willig und
freudig zu unterwerfen dem Gebot des Landgrafen
Hermann. Sodann schwang der Scharfrichter Stempel
das breite blitzfunkelnde Schwert dreimal durch die
Lüfte und rief mit dröhnender Stimme: Er wolle den,
der ihm in die Hand gegeben, richten nach bestem

Wissen und Gewissen. Nun erschallten die Trompeten, Hr. Franz von Waldstromer trat in die Mitte des Kreises und rief dreimal stark und nachdrücklich: Heinrich von Ofterdingen—Heinrich von Ofterdingen —Heinrich von Ofterdingen!—

Und als habe Heinrich unbemerkt dicht an den Schranken auf das Verhallen des letzten Rufs gewartet, so stand er plötzlich bei dem Marschall in der Mitte des Kreises. Er verneigte sich vor dem Landgrafen und sprach mit festem Ton, er sei gekommen nach dem Willen des Landgrafen in den Kampf zu gehen mit dem Meister, der sich gegenüberstellen werde, und wolle sich unterwerfen dem Urtheil der erwählten Schiedsrichter. Darauf trat der Marschall vor die Meister hin mit einem silbernen Gefäss, aus dem jeder ein Los ziehen musste. So wie Wolfframb von Eschinbach sein Los entwickelte fand er das Zeichen des Meisters, der zum Kampf bestimmt sein sollte. Todesschrecken wollte ihn übermannen, als er gedachte, wie er nun gegen den Freund kämpfen sollte, doch bald war es ihm, als sei es ja eben die gnadenreiche Macht des Himmels, die ihn zum Kämpfer erwählt. Besiegt würde er ja gerne sterben, als Sieger aber auch eher selbst in den Tod gehen, als zugeben, dass Heinrich von Ofterdingen unter der Hand des Henkers sterben solle. Freudig mit heitrem Antlitz begab er sich auf den Platz. Als er nun dem Freunde gegenüber sass und ihm ins Antlitz schaute, befiel ihn ein seltsames Grauen. Er sah des Freundes Züge, aber aus dem leichenblassen Gesicht funkelten unheimlich glühende Augen ihn an, er musste an Nasias denken.

Heinrich von Ofterdingen begann seine Lieder und

Wolfframb wollte sich beinah entsetzen, als er dasselbe vernahm, was Nasias in jener verhängnissvollen Nacht gesungen. Er fasste sich jedoch mit Gewalt zusammen und antwortete seinem Gegner mit einem hochherrlichen Liede, dass der Jubel von tausend Zungen in die Lüfte emportönte und das Volk ihm schon den Sieg zuerkennen wollte. Auf den Befehl des Landgrafen musste jedoch Heinrich von Ofterdingen weiter singen. Heinrich begann nun Lieder, die in den wunderlichsten Weisen solche Lust des Lebens athmeten, dass, wie von dem glutvollen Blütenhauch der Gewächse des fernen Indiens berührt, alle in süsse Betäubung versanken. Selbst Wolfframb von Eschinbach fühlte sich entrückt in ein fremdes Gebiet, er konnte sich nicht auf seine Lieder, nicht mehr auf sich selbst besinnen. In dem Augenblick entstand am Eingange des Kreises ein Geräusch, die Zuschauer wichen auseinander. Wolfframb durchbebte ein electrischer Schlag, er erwachte aus dem träumerischen Hinbrüten, er blickte hin, und o Himmel: eben schritt die Dame Mathilde in aller Holdseligkeit und Anmuth, wie zu jener Zeit, als er sie zum erstenmale im Garten auf der Wartburg sah, in den Kreis. Sie warf den seelenvollsten Blick der innigsten Liebe auf ihn. Da schwang sich die Lust des Himmels, das glühendste Entzücken jubelnd empor in demselben Liede, womit er in jener Nacht den Bösen bezwungen. Das Volk erkannte ihm mit stürmischem Getöse den Sieg zu. Der Landgraf erhob sich mit den Schiedsrichtern. Trompeten ertönten, der Marschall nahm den Kranz aus den Händen des Landgrafen, um ihn dem Sänger zu bringen. Stempel rüstete sich sein Amt zu verrichten, aber die Schergen, die den Besiegten fassen wollten,

griffen in eine schwarze Rauchwolke, die sich brausend
und zischend erhob und schnell in den Lüften ver-
dampfte. Heinrich von Ofterdingen war verschwunden auf unbegreifliche Weise. Verwirrt, Entsetzen auf
den bleichen Gesichtern, lief alles durcheinander;
man sprach von Teufelsgestalten, von bösem Spuck.
Der Landgraf versammelte aber die Meister um sich
und redete also zu ihnen: ,,Ich verstehe wohl jetzt,
was Meister Klingsohr eigentlich gemeint hat, wenn
er so seltsam und wunderlich über den Kampf der
Sänger sprach und durchaus nicht selbst entscheiden
wollte, und mag es ihm wohl Dank wissen, dass sich
alles so fügte. Ist es nun Heinrich von Ofterdingen
selbst gewesen, der sich in den Kampf stellte, oder
einer, den Klingsohr sandte, statt des Schülers, das
gilt gleich. Der Kampf ist entschieden, Euch zu
Gunsten, ihr meine wackern Meister, und lasst uns
nun in Ruhe und Einigkeit die herrliche Kunst des
Gesanges ehren und nach Kräften fördern!"—
    Einige Diener des Landgrafen, die die Burgwacht
gehabt, sagten aus, wie zur selben Stunde, als Wolfframb von Eschinbach den vermeintlichen Heinrich
von Ofterdingen besiegt hatte, eine Gestalt, beinahe
anzusehen wie Meister Klingsohr, auf einem schwarzen schnaubenden Rosse durch die Burgpforten davon
gesprengt sei.

BESCHLUSS

    Die Gräfin Mathilde hatte sich indessen nach dem
Garten der Wartburg begeben und Wolfframb von
Eschinbach war ihr dahin nachgefolgt.
    Als er sie nun fand, wie sie unter schönen blühen-
den Bäumen auf einer blumigen Rasenbank sass, die

Hände auf den Schoss gefaltet, das schöne Haupt in
Schwermuth niedergesenkt zur Erde, da warf er sich
der holden Frau zu Füssen, keines Wortes mächtig.
Mathilde umfing voll sehnsüchtigen Verlangens den
Geliebten. Beide vergossen heisse Thränen vor süsser
Wehmuth, vor Liebesschmerz. „Ach Wolfframb,"
sprach Mathilde endlich, „ach Wolfframb, welch ein
böser Traum hat mich berückt, wie habe ich mich,
ein unbedachtsames verblendetes Kind, hingegeben
dem Bösen, der mir nachstellte? Wie habe ich mich
gegen dich vergangen! Wirst du mir denn verzeihen
können!"

Wolfframb schloss Mathilden in seine Arme und
drückte zum erstenmal brennende Küsse auf den
süssen Rosenmund der holdseligsten Frau. Er versicherte, wie sie fortwährend in seinem Herzen gelebt,
wie er der bösen Macht zum Trotz ihr treu geblieben,
wie nur sie allein, die Dame seiner Gedanken, ihn zu
dem Liede begeistert, vor dem der Böse gewichen.
„O," sprach Mathilde, „o mein Geliebter, lass es dir
nur sagen, auf welche wunderbare Weise du mich
errettet hast aus den bösen Schlingen, die mir gelegt.
In einer Nacht, nur kurze Zeit ist darüber verstrichen,
umfingen mich seltsame, grauenvolle Bilder. Selbst
wusst' ich nicht, war es Lust oder Qual, was meine
Brust so gewaltsam zusammenpresste, dass ich kaum
zu athmen vermochte.· Von unwiderstehlichem
Drange getrieben, fing ich an, ein Lied aufzuschreiben,
ganz nach der Art meines unheimlichen Meisters,
aber da betäubte ein wunderliches halb wohllautendes,
halb widrigklingendes Getön meine Sinne und es war,
als habe ich statt des Liedes die schauerliche Formel
aufgeschrieben, deren Bann die finstre Macht ge-

horchen müsse. Eine wilde entsetzliche Gestalt stieg
auf, umfasste mich mit glühenden Armen und wollte
mich hinabreissen in den schwarzen Abgrund. Doch
plötzlich leuchtete ein Lied durch die Finsterniss,
dessen Töne funkelten wie milder Sternenschimmer.
Die finstre Gestalt hatte ohnmächtig von mir ablassen
müssen, jetzt streckte sie aufs neue grimmig die
glühenden Arme nach mir aus, aber nicht mich, nur
das Lied, das ich gedichtet, konnte sie erfassen und
damit stürzte sie sich kreischend in den Abgrund.
Dein Lied war es, das Lied, das du heute sangst, das
Lied, vor dem der Böse weichen musste, war es, was
mich rettete. Nun bin ich ganz dein, meine Lieder
sind nur die treue Liebe zu dir, deren überschweng-
liche Seligkeit keine Worte zu verkünden vermögen!"
—Aufs neue sanken sich die Liebenden in die Arme
und konnten nicht aufhören von der überstandnen
Qual, von dem süssen Augenblick des Wiederfindens
zu reden.

Mathilde hatte aber in derselben Nacht, in welcher
Wolfframb den Nasias völlig überwand, im Traum das
Lied deutlich gehört und verstanden, welches Wolfframb damals in der höchsten Begeisterung der innigsten frömmsten Liebe sang, und dann auf der Wartburg im Kampf seinen Gegner besiegend wieder-
holte.—

Wolfframb von Eschinbach sass zur späten Abend-
zeit einsam, auf neue Lieder sinnend, in seinem
Gemach. Da trat sein Hauswirth Gottschalk zu ihm
hinein und rief freudig: „O mein edler, würdiger
Herr, wie habt Ihr mit Eurer hohen Kunst doch den
Bösen besiegt. Verlöscht von selbst sind die häss-
lichen Worte in Eurem Gemach. Tausend Dank sei

Euch gezollt.—Aber hier trage ich etwas für Euch bei
mir, das in meinem Hause abgegeben worden zur
weiteren Förderung." Damit überreichte Gottschalk
ihm einen zusammengefalteten, mit Wachs wohl-
versiegelten Brief.

Wolfframb von Eschinbach schlug den Brief auseinander. Er war von Heinrich von Ofterdingen und
lautete also:

„Ich begrüsse Dich, mein herzlicher Wolfframb!
wie einer, der von der bösen Krankheit genesen ist,
die ihm den schmerzlichsten Tod drohte. Es ist mir
viel seltsames begegnet, doch—lass mich schweigen
über die Unbill einer Zeit, die hinter mir liegt wie ein
dunkles, undurchdringliches Geheimniss. Du wirst
noch der Worte gedenken, die Du sprachst, als ich
mich voll thörichten Uebermuths der innern Kraft
rühmte, die mich über Dich, über alle Meister erhöbe.
Du sagtest damals, vielleicht würde ich mich plötzlich
an dem Rande eines tiefen bodenlosen Abgrunds be-
finden, preisgegeben den Wirbeln des Schwindels und
dem Absturz nahe; dann würdest Du festen Muthes
hinter mir stehen, und mich festhalten mit starken
Armen. Wolfframb! es ist geschehen, was deine
ahnende Seele damals weissagte. An dem Rande des
Abgrundes stand ich und du hieltst mich fest, als
schon verderbliche Schwindel mich betäubten. Dein
schöner Sieg ist es, der, indem er Deinen Gegner
vernichtete, mich dem frohen Leben wiedergab. Ja
mein Wolfframb! vor Deinem Liede sanken die mäch-
tigen Schleier, die mich umhüllten, und ich schaute
wieder zum heitern Himmel empor. Muss ich Dich
denn deshalb nicht doppelt lieben?—Du hast den
Klingsohr als hohen Meister erkannt. Er ist es; aber

wehe dem, der nicht begabt mit der eigenthümlichen
Kraft, die ihm eigen, es wagt ihm gleich entgegen-
zustreben dem finstern Reich, das er sich erschlossen.
—Ich habe dem Meister entsagt, nicht mehr schwanke
ich trostlos umher an den Ufern des Höllenflusses, ich
bin wiedergegeben der süssen Heimath.—Mathilde!—
Nein es war wohl nicht die herrliche Frau, es war ein
unheimlicher Spuk, der mich erfüllte mit trügerischen
Bildern eitler irdischer Lust!—Vergiss, was ich im
Wahnsinn that. Grüsse die Meister und sage ihnen,
wie es jetzt mit mir steht. Lebe wohl, mein innig
geliebter Wolfframb. Vielleicht wirst du bald von mir
hören!"

Einige Zeit war verstrichen, da kam die Nachricht
nach der Wartburg, dass Heinrich von Ofterdingen
sich am Hofe des Herzogs von Oesterreich, Leopolds
des Siebenten befinde, und viele herrliche Lieder
singe. Bald darauf erhielt der Landgraf Hermann
eine saubere Abschrift derselben nebst den dabei ge-
setzten Singweisen. Alle Meister freuten sich herz-
inniglich, da sie überzeugt wurden, dass Heinrich von
Ofterdingen allem Falschen entsagt und trotz aller
Versuchung des Bösen doch sein reines frommes
Sängergemüth bewahrt hatte.

So war es Wolfframbs von Eschinbach hohe, dem
reinsten Gemüth entströmende Kunst des Gesanges,
die im glorreichen Siege über den Feind die Geliebte
rettete und den Freund vom böslichen Verderben.

CAMBRIDGE PLAIN TEXTS

COMPLETE LIST

ENGLISH

FRENCH

ITALIAN

SPANISH

GERMAN

[P. T. O.

SOME PRESS OPINIONS